Sabores de Portugal

Sabores de Portugal

Flavours of Portugal

Tania Gomes

First published in Australia in 2005 by
New Holland Publishers (Australia) Pty Ltd
Sydney o Auckland o London o Cape Town

14 Aquatic Drive Frenchs Forest NSW 2086 Australia
218 Lake Road Northcote Auckland New Zealand
86 Edgware Road London W2 2EA United Kingdom
80 McKenzie Street Cape Town 8001 South Africa

10 9 8 7 6 5 4 3 2 1
Gomes, Tania, 1982- .
Traditional Portuguese cooking.

 Includes index.
ISBN 1 74110 355 X.

1. Cookery, Portuguese. I. Title.

641.59469

Publisher: Fiona Schultz
Managing Editor: Martin Ford
Production Manager: Grace Gutwein
Designer: Tania Gomes
Printer: Tien Wah Press

To my mother, whose support and culinary talents have been a wonderful inspiration to me and this project. Without her, this book could not have been possible. Thank you.

Para a minha mãe, que com o seu apoio e talentos culinários, me inspirou a realizar este projecto. Sem ela, este livro não seria possível. Obrigada.

$\mathcal{C}$ onteúdo
Contents

Agradecimentos
Acknowledgments

My parents set out for Australia from Portugal with a suitcase full of memories, bright-eyed and eager to find what awaited them in a new world. They filled our home with warmth, joy and happiness as they kept alive a heritage and culture far away from their home. They have in many ways been the main influence and inspiration for this project, having recreated a world, culture and spirit that we have been able to share together, and allowing me to share it with the rest of the world in return. For this I thank them both with all my heart.

My mother especially deserves the deepest thanks and gratitude as she is, in many ways, at the centre of this book. All her efforts and talents in the kitchen have been important influences and inspirations, and she has taught me so much about Portugal, its food and culture. My mother's efforts with this project have also been a great source of

Aos meus pais que saíram de Portugal com destino à Austrália com uma mala cheia de memórias e de ansiedade acerca do que iriam encontrar no novo mundo. Eles encheram a nossa casa de bem estar, alegria e felicidade, mantendo vivas a sua cultura e tradições, apesar de longe da terra Natal. Agradeço aos meus pais de todo o coração, a inspiração para este projecto, o qual foi influenciado e inspirado pelo ambiente criado através da sua compartilhação da cultura e espírito portugueses, proporcionando-me a oportunidade de os propagar.

A minha mãe, em especial, merece o mais profundo agradecimento e gratidão, sendo ela de vários modos, o centro deste livro. Toda a sua boa vontade e talento na cozinha têm sido uma fonte de informação e inspiração, devido ao que ela me tem ensinado acerca de Portugal, da sua culinária e cul-

information, helping me piece together the secrets of Portuguese cuisine. She cooked up a storm, having prepared almost every meal in this book, trying and testing different recipes as we sifted through the endless possibilities. I cannot thank her enough for all her hard work, love and support; with all my heart I thank you again dearly!

I would also like to thank my family, in Australia and Portugal: my grandparents, Uncle Joaquim, Aunt Emilia, Aunt Idalina, Aunt Hortencia and my cousins who have lent me their recipes, stories and photographs for this book. To the countless family friends who have become a part of my extended family and played an important role in maintaining the Portuguese culture that I have experienced and learnt from, thank you. They have all contributed in some way, sharing their food, stories and Portuguese spirit through every meal, celebration and feast over the years. Many thanks to the Da Silva family, who are very dear friends and who have taught me about some wonderful food from Madeira. They were my link to the Group Folkloric of Madeira, allowing me and my camera to enjoy the beauty and excite-

tura. O esforço da minha mãe neste projecto tem sido incomparável, ajudando-me a descobrir e a divulgar os segredos da cozinha portuguesa. Ela preparou e cozinhou a maioria das receitas deste livro, seleccionando e experimentando os melhores pratos da culinária do país. Não existe agradecimento suficiente para todo o seu trabalho, amor e apoio. É com todo o carinho, que mais uma vez lhe agradeço do fundo do coração.

Também gostaria de agradecer à minha família, tanto na Austrália como em Portugal pelas suas participações neste projecto. Estou muito grata aos meus Avós, aos meus Tios e Padrinhos Joaquim e Emília, à Tia Idalina, à Tia Hortência e às minhas Primas que contribuíram com as suas receitas, histórias e fotografias. Aos numerosos amigos de família que ocupam um lugar muito importante na nossa vida, e os quais me têm ensinado acerca da cultura portuguesa, muito obrigada a todos. Agradeço também à família Da Silva, que são amigos muito queridos, e que contribuíram com receitas madeirenses. Eles foram o meu ponto de ligação com o Rancho Folclórico da Madeira em Sydney, dando-me

ment of a timeless tradition. To Magalli, for all her help and support; my brother Danny for all his help and technical know-how; and to Nathan for standing by me and believing in me always: I cannot thank you enough.

Lastly I give a big thank you to Eric Hanson, whose flash of insight inspired my agents, Clare Calvet and Xavier Waterkeyn at Flying Pigs, to make this book possible; and to Fiona Schultz and New Holland Publishers who have made it a reality.

a oportunidade de fotografar a beleza e colorido das tradicionais danças da Madeira. Agradeço à Magalli por toda a sua ajuda e apoio; ao meu irmão Danny pela ajuda ténica e ao Nathan por todo o seu apoio e fé em mim. Muito obrigada.

Finalmente, a minha gratidão ao Eric Hanson que inspirou os meus agentes, Clare Calvet e Xavier Waterkeyn de Flying Pigs, para fazer este livro uma possibilidade, e agradeço à Fiona Schultz e à New Holland Publishers que o tornaram numa realidade. Obrigada.

Introdução
Introduction

Memories, emotions, culture... the Portuguese spirit carries on, across oceans, through the hearts and minds of the thousands of Portuguese scattered across the globe. The richness of the Portuguese culture is undeniable. Its history runs deep though the country and its people, of whom many — like their 'conquistador' ancestors — have heard the calling of the sea and ventured into new worlds. With them they have carried and passed on a timeless world of memories, stories, traditions and heritage which keeps alive a spirit running deeper than the blood through their veins. The ritual of cooking and sharing a meal is so important in this rich culture and tradition. The preparation of a meal can evoke so much through the sights, smells and tastes of even the simplest ingredients. They are *Memórias Saborosas*; tasty, savoury memories filled with so much emotion and passion. The stories told of moments long

Memórias, emoções e cultura...O espírito português continua, através dos oceanos, nos corações e mentes dos milhares de portugueses dispersos por todo o globo. A riqueza da cultura portuguesa é inegável. A sua história corre fundo nas veias do país e do seu povo, e muitos, tal como os seus antepassados 'conquistadores' ouvem o chamado do mar e aventuram-se por novos mundos. Com eles trazem inesquecíveis memórias, histórias e tradições, que mantêm vivo o espírito que corre mais fundo que o sangue nas suas veias. O ritual de cozinhar e de compartilhar uma refeição com amigos e familiares, é muito importante para manter viva a cultura e tradição portuguesas. A preparação duma refeição, mesmo com os mais simples ingredientes, evoca lembranças do passado. Estas são Memórias Saborosas, cheias de emoção e paixão, de histórias acerca do que na realidade significa ser por-

gone unearth the real depth of what it means to be Portuguese. Whether here or there, then or now, through generations or across cultures, the bond of the Portuguese to their land remains.

This book was born through my own experiences of the Portuguese culture. As the daughter of Portuguese migrants who once set out for Australia and then made it their home, I have learned and experienced every part of the Portuguese culture through the stories, memories and food my parents have shared. Every thoughtfully prepared meal of bacalhau, every home made chouriço and tasty piece of presunto helps me to grow more deeply into the culture of my parents and the world they left behind.

These sights, smells and tastes of Portugal transcend time and place and live in Portuguese homes, scattered thousands of miles from their native land, through Portuguese feasts. The gathering of family and friends in a distinctly Portuguese way for *sardinhadas*, Christmas, Easter and many other celebrations have always played a major part in my life. It's the food that brings

tuguês. Aqui ou ali, no passado ou no presente, através de gerações e culturas, os Portugueses mantêm para sempre a ligação com a sua terra Natal.

Este livro nasceu através da minha própria experiência da cultura portuguesa, como filha de emigrantes portugueses que se aventuraram pelo mundo com destino à Austrália. Foi aqui que aprendi e experimentei a cultura portuguesa, através das histórias, memórias e cozinha tradicional dos meus pais. Cada refeição preparada com bacalhau, cada chouriço caseiro, e pedaço de presunto saboroso, têm-me feito absorver mais profundamente a cultura dos meus pais, e do mundo que deixaram para trás.

As visões, aromas e sabores de Portugal transcendem tempo e local, e vivem em casas portuguesas, bem distantes da sua terra Natal, através da riqueza da sua culinária e festas tradicionais. Os encontros frequentes entre família e amigos, para as famosas sardinhadas, os festejos de Natal, da Páscoa e outras celebrações, tiveram sempre um lugar muito importante na minha vida. A comida une as pessoas para compartilharem

Bom Apetite

people together, to share stories of the past and reignite the passions of a nation and culture once left behind but not forgotten.

The recipes in this book are a mixture of traditional classics and recipes collected from family and friends. Writing the book has mainly been a journey through my own Portuguese heritage, and through my mother's kitchen and all the wonderful meals that have inspired me throughout my life. The simple, everyday events in her life in Portugal — such as baking bread — have taken on

histórias do passado, reascendendo paixões duma nação e cultura que apesar de longe, não está esquecida.

As receitas deste livro são uma colecção de receitas clássicas e tradicionais, que foram seleccionadas por amigos e família. A escrita deste livro tem sido uma viagem à minha descendência portuguesa, através da cozinha da minha mãe e das suas refeições maravilhosas, que têm sido a minha inspiração. As tradições e a simplicidade da vida quotidiana da minha mãe, em Portugal, tais como fazer

new meanings away from Portugal. They have become traditions which evoke a past, a country and a culture that we still hold strong.

This book is about more than just Portuguese food; it is also about the way the culture is experienced and shared through a meal. I hope that it will inspire you to experience the Portuguese culture and spirit in your own way.

pão, tomam significados diferentes longe da sua terra, mas que continuam firmes na sua memória, evocando um passado, um país e uma cultura que ainda mantemos.

Este livro é muito mais do que cozinha portuguesa; é a experiência duma cultura através duma refeição. Desejo que vos inspire a compartilhar a experiência da cultura e do espírito português.

A Cozinha Portuguesa
The Portuguese Kitchen

Portuguese food is simple yet full-bodied and hearty; it remains quietly understated but is full of life and flavour. The Portuguese people are brought up to love the land, living on what it has to offer. Their food is a reflection of home-grown sustenance and hard-working country life. But what makes Portuguese food stand out are the influences it has taken from the rest of the world. Portugal's exploration of the wider world during the fifteenth and sixteenth centuries opened the doors to the wonders of Africa and Asia, introducing spices and new delights to Portuguese cuisine. The history of the land and its people is an important part of the Portuguese culture. It is embraced and celebrated through folkloric traditions and festivals, expressing their culture, vivid history and passion for life through music, dancing and food. Throughout Portugal and the Portuguese communities worldwide, folk dancing groups bring festivals to life and keep

A alimentação portuguesa é simples mas muito substancial e saborosa. Em Portugal, a maioria das pessoas viviam da cultura das suas terras, e a sua alimentação reflecte em grande parte a vida rural, e é baseada nos produtos obtidos através do trabalho duro do dia a dia. Mas, a riqueza da culinária portuguesa é devida às influências que vieram do resto do mundo. Portugal, como país conquistador, abriu as portas às maravilhas de África e do Oriente, durante os séculos XV e XVI, trazendo as especiarias e novos encantos à cozinha portuguesa. A história de Portugal mantém-se como parte muito importante da cultura portuguesa. É celebrada através da tradicional cultura folclórica, a qual expressa a história do povo, cultura e paixão pela vida, com música, dança e culinária portuguesa. Em Portugal, assim como em todas as comunidades portuguesas no estrangeiro, a dança folclórica continua bem viva nas festas por-

8 OVOS

311

avózinha, 1958

strong the roots of the culture and tradition of the Portuguese nation.

The culture of the old fishing villages in Portugal has also unquestionably shaped and influenced Portuguese flavours and tastes. The country's cuisine thrives on its seafood. Cod fish (*bacalhau*) is one of the most popular fish and is definitely one of the most culturally significant foods in Portuguese homes. There are so many dishes and variations in every region, it is said that the Portuguese have as many ways to cook cod fish as there are days in the year! The cod fish used in Portuguese cuisine is dried and salted and requires some time to prepare. This preserving method dates back hundreds of years, adopted for its long transportation by sea from northern Europe. Outside of Portugal, salt-dried cod is readily available from most European delicatessens and supermarkets.

Sardines are another Portuguese favourite. Fresh sardines grilled in the open air during festivals and barbeques are a part of the culinary culture my parents grew up with and carried with them to Australia. The countless family barbecues — or *sardinhadas*, as we

tuguesas, mantendo as raízes da cultura e tradição da nacionalidade portuguesa.

A cultura tradicional das vilas pesqueiras de Portugal foi, sem dúvida uma grande influência na culinária portuguesa. A cozinha do país prospera nos alimentos que vêm do mar. O bacalhau é um peixe muito popular, e um dos alimentos mais significativos e tradicionais da cozinha portuguesa. Existem inúmeros pratos e variações, em todas as regiões, e até se diz que os portugueses têm tantas maneiras de cozinhar bacalhau como dias no ano! O bacalhau usado na culinária portuguesa, é seco e salgado e demora tempo a preparar. Este método de conservar o bacalhau tem uma tradição de centenas de anos, e foi adaptado para o transporte marítimo através do norte da Europa. Fora de Portugal, o bacalhau encontra-se à venda em supermercados continentais europeus.

As Sardinhas são muito apreciadas pelo povo português. As sardinhas frescas são uma tradição nos churrascos e festivais, fazendo parte da cultura culinária que os meus pais trouxeram para a Austrália. As

like to call them — that I have grown up with became the highlight of many summer festivities.

Pork is a popular meat in Portuguese cuisine. In the past, farmers in the rural villages raised and bred their own pigs. Their meat was preserved into presunto, a smoked and cured leg of ham, and made into chouriço sausages, which could be kept for long periods of time. Many still enjoy curing their own presunto and making their own chouriço. It's become part of tradition — no longer a necessity but an expression of the Portuguese culture. Nowadays they are both commonly found in Portuguese supermarkets and even outside of Portugal in many European delicatessens.

But, no matter what dish is being prepared, there are two rich, flavoursome ingredients that cannot be ignored: olive oil and Portuguese wines. Since visiting Portugal as a young girl, I have carried with me the scent of the country air and of the olive trees which stretched out across the landscape, only broken up by the vineyards and occasional orchards. The richness of Portuguese olives and wines is reflected in the food. The

inúmeras churrascadas familiares, ou sardinhadas, fizeram parte da minha juventude, e são o centro de atracção nos festejos de Verão.

A carne de porco é muito popular na cozinha portuguesa. Antigamente, era costume os agricultores criarem porcos, e usavam a carne para prepararem presuntos, chouriços e morcelas que eram consumidos durante o ano. Estes processos caseiros de conservação apesar de não serem necessários actualmente, mantêm-se como parte da tradição portuguesa. Hoje em dia, é possível comprar-se presunto e chouriço em todos os supermercados portugueses, e em talhos e lojas continentais, fora de Portugal.

Existem dois ingredientes que não podem ser ignorados na culinária portuguesa: o saboroso azeite de oliveira, e os bons vinhos portugueses. Desde que visitei Portugal na minha infância, recordo o aroma do país, assim como a imagem das oliveiras ao longo da paisagem, intercalada pelas vinhas e pomares. A riqueza das azeitonas e dos vinhos reflectem-se na comida tradicional. O azeite de oliveira ocupa um lugar impor-

Portuguese use olive oil in almost everything, from soups to sweet desserts. Portuguese olive oil is distinctive, full-bodied and strong in flavour, adding a unique richness to any dish. Wine is very important to Portuguese culture and it is also an undeniable source of inspiration in the kitchen; it's used not only for drinking, but as an important marinade. White wine especially is used for tenderising meat, giving a distinctive taste to the food. Within the rural communities in Portugal, these ingredients are often homemade. Country people make the very best of what they've got and these simple ingredients are the staple of the Portuguese kitchen, grown from the heart of the Portuguese homes.

tante na culinária. Os portugueses usam azeite de oliveira desde as sopas às sobremesas. O azeite português tem um gosto distincto, forte e saboroso, dando um paladar diferente a todos os pratos. O vinho é também muito importante na cultura portuguesa, não só para beber, mas também como fonte de inspiração na cozinha. O vinho branco em especial é utilisado para tornar a carne mais tenra, dando-lhe um gosto mais saboroso. Nas comunidades rurais de Portugal, o azeite de oliveira e o vinho são feitos em casa. A cozinha portuguesa é baseada em simples ingredientes, sendo cultivado do coração de Portugal.

Sopas, Entradas & Petiscos

Soups, Starters & Light Meals

In most Portuguese homes, starters and light meals are simple accompaniments to a good wine or a strong beer, opening up the appetite without overfilling the stomach. The first things to be laid out for guests in a Portuguese home are usually some good bread, a few slices of presunto or chouriço and some fresh creamy cheese. These starters are simple, always on hand and satisfying. The Salt Cod Pasties and Prawn Rissoles are considered real delicacies, and are very popular both in Portuguese restaurants and homes. No Portuguese dinner party, feast or celebration would be complete without either one of these.

The Portuguese also love their soups. These tend to be quite substantial, hearty and full-flavoured, and can usually stand alone as meals in themselves when accompanied by some bread and a good wine. As starters,

Nas casas portuguesas as entradas e petiscos são simples, e acompanhadas de um bom vinho ou cerveja forte, abrindo o apetite sem contudo encher o estômago. Geralmente oferecem-se às visitas ou convidados, como aperitivos, pão caseiro, fatias de presunto, rodelas de chouriço, e queijo fresco e cremoso. Apesar de simples, estes aperitivos são sempre apreciados. Os famosos pastéis de bacalhau e rissóis de camarão são considerados verdadeiras delícias, sendo muito populares não só em casas portuguesas, mas também em restaurantes e cafés. Estes petiscos são sempre servidos em todas as festas, jantares e celebrações.

As sopas ocupam um lugar muito importante na cozinha portuguesa. Algumas sopas são fortes e substanciais, constituíndo uma refeição completa e saudável especialment quando acompanhadas com pão caseiro e

they prepare the appetite for more delights. There are many different soups from across Portugal with many variations. Every Portuguese home has its own recipes, from simple broths to thick and creamy vegetable soups, that make use of the ingredients which are readily available.

In Portugal, light meals are sometimes referred to as *petiscos* and are very popular in the little taverns, bars and cafés throughout Portugal. In the home, these dishes are sometimes prepared between meals and can also be served as starters, again accompanied by a good wine. Two of the favourite and tastier *petiscos* from Portugal are the pipis — small clams prepared in a tasty marinade — and marinated giblets in a strong, thick, mouth-watering sauce.

um bom vinho. Como entrada a sopa abre o apetite para os pratos seguintes. Existem muitas sopas diferentes através das regiões de Portugal, e todas com variações. Todas as casas portugueseas têm as suas próprias receitas, desde o mais simples caldo até às sopas fortes de feijão, e cremosas sopas de vegetais.

Em Portugal, as refeições leves são em geral referidas como petiscos e são muito populares nas pequenas tavernas, bares e cafés. Em casa, estas refeições são também preparadas com frequência e podem ser servidas como entradas, acompanhadas por um bom vinho. As amêijoas preparadas num molho picante e saboroso, e as moelas de galinha cozinhadas num molho caseiro, são considerados, de todos os aperitivos, os mais populares e saborosos.

Loupini beans — known as *tremoços* to the Portuguese people — are another favourite light snack or accompaniment to a good beer. The dried beans are soaked, cooked and stored in salted water which is changed frequently.

Os tremoços são outro dos petiscos preferidos pelos portugueses para acompanhamento duma boa cerveja. Os tremoços são demolhados, cozidos, e conservados em água salgada, que necessita de ser mudada com frequência.

Tremoços

84

nscidos nesle

dois filhos

da Silva Gomes

Bacat

Salted cod needs some time and preparation before cooking. It is necessary to soak the fish in plenty of water for at least 24 hours, changing the water occasionally, to remove the salt that it has been preserved in. If the fish isn't soaked for this minimum amount of time, it tends to be too salty to eat. When buying salted cod, it is best to buy it pre-cut into portions rather than whole, as it can be difficult to cut later on.

O bacalhau salgado precisa de tempo e de preparação antes de ser cozinhado. Necessita de ser demolhado, pelo menos 24 horas ou mais conforme a grossura, mudando a água várias vezes. Se o bacalhau não estiver de molho durante este tempo, fica muito salgado. É preferível comprar o bacalhau já cortado em postas, para facilitar o trabalho.

Pastéis de Bacalhau
Cod Fish Pasties

500g salted cod, soaked & washed
500g peeled potatoes
1 teaspoon salt
2 eggs, separated
2 tablespoons freshly chopped parsley
Pinch pepper (or more to taste)
 Oil for deep frying

Bring the potatoes to boil in plenty of water with the salt added. Add the cod to the potatoes and bring to boil once again, allowing to cook until the potatoes become tender. Remove the cod and place aside to cool, and drain the potatoes. Remove the skin and bones from the fish. Pull it into soft, fine flakes using your fingers and then mash it into thin threads with a fork . Meanwhile, beat the egg whites until firm. In a separate mixing bowl, mash the potatoes thoroughly. Add the cod, parsley, pepper, egg yolks and egg whites and mix well.

Place the oil in a large pot or deep frying pan, and bring to boil. Mould the pasties using two large soup or dessert spoons — take a good scoop of mixture in one spoon and mould it into an oval-shaped ball using the other spoon. Drop the moulded mixture into hot oil and deep fry until golden brown, turning occasionally. Remove from the oil and drain on absorbent paper towels.

500g de bacalhau, demolhado
500g de batatas descascadas
1 colher de chá de sal
2 ovos, separados
2 colheres de sopa de salsa picada
Uma pitada de pimenta (ou a gosto)
Oléo para fritar

Põem-se as batatas a cozer em bastante água e sal até levantar fervura. Junta-se o bacalhau, leva-se ao lume até ferver, e deixa-se cozer até as batatas estarem bem cozidas. Retira-se o bacalhau e deixa-se arrefecer. Tiram-se as espinhas e as peles ao bacalhau. Desfia-se bem com as mãos, e esmaga-se com um garfo até ficar em fios. À parte, batem-se as claras de ovos em castelo. Escorrem-se bem as batatas e esmagam-se em puré. Num recipiente, junta-se o bacalhau, as batatas esmagadas, a salsa picada, a pimenta, as gemas e as claras em castelo. Mexe-se muito bem.
Coloca-se óleo numa frigideira larga e funda, e leva-se ao lume. Com uma colher de sopa, ou de sobremesa bem cheia de massa, dá-se o formato aos pastéis, moldando bolinhos ovais com a ajuda doutra colher. Deitam-se os pastéis no óleo quente, e vão-se voltando até estarem bem lourinhos. Retiram-se da frigideira e põem-se a escorrer sobre papel absorvente.

Rissóis de Camarão
Prawn Rissoles

Prawn filling:

250g prawns, uncooked
2 large onions, finely chopped
2-3 tablespoons olive oil
1 tablespoon plain flour
100ml milk
1 tablespoon butter
Salt and pepper to taste
Juice of one lemon
2 egg yolks

Boil the prawns in salted water, for approximatly 4 minutes. Drain, peel and cut them into small pieces, placing into a bowl and setting aside.

In a pot, lightly cook the onions in the olive oil until golden brown and add them to the prawns. Prepare the sauce for the prawn filling by mixing together the flour, milk, butter and salt and pepper to taste in a small pot, stirring well. Bring to the boil and allow to cook until the flour has cooked and the filling is thick.

Remove the mixture from the stove and add the lemon juice, the prawn mixture and the egg yolks, mixing it all well together. Set aside to cool.

Recheio:

250g de camarão cru
2 cebolas grandes, picadas
2-3 colheres de sopa de azeite
1 colher de sopa de farinha de trigo
100ml de leite
1 colher de sopa de manteiga
Sal e pimenta a gosto
Sumo de 1 limão pequeno
2 gemas de ovos

Coze-se o camarão em água e sal por aproximadament 4 minutos. Escorre-se, descascam-se e corta-se o camarão em pedacinhos pequenos.

Leva-se a cebola a alourar no azeite, e em seguida junta-se ao camarão e coloca-se numa taça. Deixa-se arrefecer. À parte, para fazer o recheio, mistura-se bem a farinha com o leite, a manteiga, umas pedrinhas de sal e a pimenta. Leva-se ao lume a engrossar e até cozer a farinha.

Tira-se do lume e junta-se o sumo de limão, a mistura do camarão com a cebola e as gemas de ovos. Mistura-se tudo muito bem, mas não volta ao lume. Deixa-se esfriar.

43

Pastry:

1 cup water
1 cup plain flour
Pinch of salt
1 tablespoon margarine or butter
1 piece lemon rind (aprox. 2cm thick)
2 eggs, beaten
1 cup dry breadcrumbs
Oil for deep frying

Place the water, salt, margarine and lemon rind in a pot and bring to boil. As soon as it starts to boil, remove the lemon rind and add the flour, mixing continuously until the mixture thickens and forms a ball. Remove from the stove and place the dough on a well-floured surface. Knead well while still hot, making sure that the dough becomes smooth and all lumps of flour are removed. Once the dough has cooled roll it out with a rolling pin, thinly but not so that it might tear. Cut the pastry into large circles with a cookie cutter or a large mouthed-glass or cup. Place a little bit of filling in the circles and fold the pastry over the filling, pressing down the edges to seal the pastry. Prepare a small, deep bowl with the lightly beaten eggs and another

Massa:

1 chávena de água
1 chávena de farinha
Uma pitada de sal
1 colher de sopa de margarina ou manteiga
1 casca de limão (aprox. 2 cm de grossura)
2 ovos batidos
1 chávena de pão ralado
Oléo para fritar

Leva-se ao lume a água a ferver com o sal, a margarina e a casca de limão. Quando ferver, retira-se a casca de limão e junta-se a farinha mexendo sempre até a mistura engrossar e formar uma bola. Tira-se do lume e coloca-se a massa numa superfície enfarinhada. Amassa-se a massa ainda bem quente até ficar macia e lisa. Deixa-se arrefecer completamente e depois estende-se com o rolo. Corta-se a massa em rodelas grandes com um corta-massa ou copo largo. Coloca-se um pedaço de creme de camarão, dobra-se a massa por cima, e une-se a massa em volta carregando bem com os dedos para fechar bem o rissól. Prepara-se um prato fundo com os ovos batidos e outro com o pão ralado. Passam-se os rissóis, um a um,

bowl with breacrumbs. Gently dip the pastry in egg mixture and coat thoroughly in the bread crumbs. Heat the oil in a deep and wide pan. Deep fry the pastries in the hot oil, turning them occassionaly until golden brown. Remove from the oil, drain of excess oil on paper towels and serve.

primeiro nos ovos e depois no pão ralado. Aquece-se uma frigideira larga e funda com o óleo. Fritam-se os rissóis no óleo quente, e vão-se voltando até estarem bem lourinhos. Retiram-se da frigideira e põem-se a escorrer sobre papel absorvente.

Molho de Tomate com Ovos
Eggs with
Tomato and Onion Sauce

This is a very simple but tasty meal that my mother learnt from her mother. It makes a great light meal to warm you up on a cold winter's day. It is an old country recipe, so each province has its own variations, but this is the favourite in my family.

Esta é uma receita muito simples, mas saborosa, que a minha mãe aprendeu com a mãe. É uma refeição rápida própria para os dias frios de Inverno. Devido a ser uma receita antiga cada província tem a sua variação, mas esta continua a ser favorita da minha família.

1kg ripe tomatoes
1 onion, thinly sliced
3 tablespoons olive oil
4 eggs
Pinch salt and pepper (more or less to taste)

1kg de tomate maduro
1 cebola, cortada em fatias finas
3 colheres de sopa azeite
4 ovos
Uma pitada de sal e pimenta, ou a gosto

Peel the tomatoes and chop them into small pieces. In a wide pot, fry the onion in the olive oil until lightly golden. Add the tomatoes, mixing them continuously. Cover the pot and simmer until the tomatoes are almost into a purèed. Season with salt and pepper to taste.

Once the tomatoes become smooth, add the eggs by cracking them into the sauce. Let simmer until the eggs are cooked through. Serve hot with soft fresh baked bread for dipping.

Tira-se a pele ao tomate e corta-se em pedaços pequenos. Faz-se um refogado com a cebola e o azeite numa panela larga e pouco funda, até aloura. Juntam-se os pedaços de tomate, mexendo continuamente, e tempera-se de sal. Tapa-se a panela, e deixa-se ferver em lume brando, até o tomate estar quase desfeito, e cozido.

Juntam-se os ovos inteiros sem casca um por um e deixam-se cozer lentamente até estarem cozidos. Servem-se acompanhados de pão caseiro, para ensopar no molho.

Canja de Galinha
Portuguese Chicken Soup

In Portugal, this soup is known as a healthy and strengthening broth, given as an treatment for every sickness. As a child, a good dose my mother's chicken soup — Canja — was always the best remedy.

Em Portugal esta sopa é conhecida como um caldo leve e próprio para doentes. Quando eu era criança, uma boa dose de canja da minha mãe era o melhor remédio para as pequenas doenças.

600g chicken pieces and giblets
1½ litres water
1 teaspoon salt
1 onion
100g rice or fine-grained pasta

600g de galinha com miúdos
1 ½ litro de água
1 colher de chá de sal, ou a gosto
1 cebola
100g de arroz ou massa miúda

Clean and prepare the chicken and giblets. Place the chicken and the giblets into a pot with the water, salt and the onion (cut into quarters). Cook until the chicken is tender.

Take the pot off the stove and remove the chicken from the broth, placing it on a plate. Remove the skin and bones and cut the meat into small strips. Return the giblets to the broth. Bring to the boil, add the rice or pasta and let it cook for at least 12 minutes. When there are 5 minutes remaining, add the chicken and more salt if necessary. Serve hot.

Lava-se e prepara-se a galinha, cortando-a em pedaços pequenos. Coloca-se a galinha e os miúdos numa panela com a água, o sal e a cebola cortada em gomos. Leva-se ao lume a cozer, até a galinha estar tenra.

Retira-se do lume, coloca-se a galinha num prato, tiram-se os ossos e a pele, e lasca-se a galinha. Leva-se o caldo novamente ao lume e junta-se o arroz e os miúdos. Cozinha-se cerca de 12 minutos. Quando faltarem cinco minutos para o final, adiciona-se a galinha desfiada. Rectificam-se os temperos e serve-se quente.

Caldo Verde
Portuguese Green Broth

The *Caldo Verde* is one of the most popular and iconic Portuguese soups. It's simple but incredibly tasty and nourishing, perfect to warm the heart on cold winter nights. The cabbage traditionally used in this recipe is Portuguese galega cabbage. Though it's hard to find outside of Portugal, it can be substituted with any long-stemmed, deep green-coloured cabbage or other greens, such as Kale or Chinese broccoli.

2 litres water
500g potatoes
2 teaspoons salt
5 large cabbage leaves
4 tablespoons olive oil

Peel and boil the potatoes in salted water, in a large pot, until they are tender. Meanwhile, chop the cabbage into very fine strips, removing the hard white stalks.

When the potatoes are cooked, blend them in the pot into a thick broth, adding more water if necessary to obtain a creamy consistency. Return to the boil. As it starts to boil, add the cabbage and olive oil and cook until the cabbage is tender. To bring out the rich green colour, let the soup boil without covering it with a lid.

This soup is best served with a couple of slices of chouriço and homemade bread.

O caldo verde é a sopa portuguesa mais popular. É simples, mas muito saborosa e nutritiva, perfeita para as noites frias de Inverno.
A couve usada para esta receita é a couve galega portuguesa, mas como é difícil de se encontrar fora de Portugal, pode ser substituída por outro tipo de couve de folhas verdes, como por exemplo o brócolo chinês.

2 litros de água
500g de batatas
2 colher de chá de sal
5 folhas de couve portuguesa
4 colheres de sopa de azeite

Cozem-se as batatas com água e sal, numa panela grande, até estarem bem cozidas.
Entretanto, corta-se a couve o mais finamente possível, retirando o caule.

Quando as batatas estiverem cozidas, desfazem-se com a varinha até ficarem em caldo grosso. Se for necessário junta-se mais água, para manter uma consistência cremosa. Deixa-se levantar fervura e junta-se a couve e o azeite, deixando ferver até a couve estar tenra. Para que o caldo fique mais verdinho deixa-se cozer a sopa sem colocar a tampa na panela.
Esta sopa é muito boa servida com rodelas de chouriço e um bom pão caseiro.

Sopa de Feijão Verde
Green Bean Soup

Green been and spinach soups are both very light and tasty, generally served as starters, before a hearty meal.

As sopas de feijão verde e a de espinafres são muito leves e gostosas, usualmente servidas como entrada para uma refeição mais forte.

2 liters water
500g potatoes, peeled and quartered
1 onion, quartered
250g green beans, cut into diagonal strips
2 tablespoons olive oil
2 teaspoon salt (or to taste)

2 litros de água
500g de batatas, descascadas e curtado em quartos
1 cebola
250g de feijão verde, cortado em tirinhas diagonais
2 colheres de sopa de azeite
2 colher de chá de sal (ou a gosto)

Bring the water, potatoes and onions to boil in a large pot. When well-cooked, blend the ingredients into a thick broth and add the green beans. Season with salt and olive oil and cook until the beans are tender.

Numa panela com água, cozem-se as batatas com a cebola. Quando está tudo bem cozido desfaz-se com a varinha e junta-se o feijão verde. Tempera-se com sal a gosto e o azeite. Deixa-se ferver até cozer o feijão.

Sopa de Espinafres
Spinach Soup

2 litres water

500g potatoes, peeled and quartered

2 tablespoons olive oil

2 teaspoon salt (or to taste)

1 bunch of English spinach

Cook the potatoes in water until tender. Blend them into a creamy but not too thick broth, adding more water if needed. Add the olive oil and season with salt. Return to the boil, adding the spinach (chopped into small pieces). Cook for a few minutes, until the spinach is tender.

2 litros de água

500g de batatas, descascadas e curtado em quartos

2 colheres de sopa de azeite

2 colher de chá de sal (ou a gosto)

1 molho de espinafres

Cozem-se as batatas e desfazem-se com a varinha até ficarem em caldo grosso mas não muito espesso. Acrescenta-se água se for necessário para ficar com a espessura desejada. Tempera-se com sal e junta-se o azeite. Deixa-se levantar fervura e juntam-se os espinafres cortados em pedaços pequenos, e coze-se até os espinafres estarem tenros.

Sopa de Feijão
Red Bean Soup

This is very nourishing and fortifying soup, popular in rural communities and throughout Portugal. A simple yet sturdy combination of beans, potatoes and cabbage, it stands well as a meal in itself. My mother likes to add a little chouriço to bring out a richer flavour, which is highly recommended, but you can also use presunto.

3 litres water
250g dried red kidney beans
500g potatoes
2 carrots
1 onion
Half a cabbage, shredded
1 teaspoon salt (more or less to taste)
3 tablespoons olive oil

Soak the beans overnight in plenty of water. Drain and rinse well then cook in salted water for approximatly 1 hour or until tender. Peel and quarter the potatoes, carrots and onions, and add to the beans. Bring to boil allowing them to cook well. Once all the ingredients are thoroughly cooked, reduce the heat and blend in pot. Return to heat and add the cabbage, which should be shredded into fine strips. Bring to boil once again, adding olive oil and more salt to taste if needed. Allow the soup to cook until the cabbage is tender.

Esta é uma sopa mais forte e nutritiva, muito popular em todo o país, em especial no meio rural. Esta sopa baseada numa simples combinação de vegetais pode ser servida como refeição principal. A minha mãe gosta de lhe juntar um pouco de chouriço para lhe enriquecer o sabor, mas também podem-se usar presunto.

3 litros de água
250g de feijão encarnado, seco
500g de batatas
2 cenouras
1 cebola
½ couve
1 colher de chá de sal, ou a gosto
3 colheres de sopa de azeite

O feijão encarnado precisa de ser posto de molho, de véspera. Depois de demolhado, lava-se bem o feijão e coze-se em água e sal, até estar quase cozido. Descascam-se e cortam-se em quartos as batatas, as cenouras e a cebola e juntam-se ao feijão. Ferve-se novamente e deixa-se cozer tudo muito bem. Quando os vegetais e o feijão estiverem bem cozidos, desfazem-se com a varinha e junta-se a couve cortada miúda. Ferve-se novamente, reduz-se o lume, e junta-se o azeite e mais sal, se for necessário. Deixa-se ferver até a couve estar cozida e tenra.

Salada de Polvo
Octopus Salad

This is another family favourite — a great summer-time salad for festive family barbeques and celebrations. The juicy, tender octopus in a tangy vinaigrette marinade is mouthwatering and perfect for outdoor dining.

1kg octopus
1 onion, finely chopped
1 bunch parsley, finely chopped
3 tablespoons olive oil
1 tablespoon white vinegar
Salt and pepper to taste

Before cooking the octopus, wash and clean it thoroughly. Boil the octopus in a large pot with enough water to cover it completely. Cook until tender, then drain and cut it into small pieces, placing them into a bowl.

Finely chop the onion and the parsley and add to the octopus. Marinade in the olive oil and the vinegar. Season with salt and pepper to taste and serve.

Esta é mais uma receita favorita da nossa família. A combinação do polvo com o molho avinagrado é a salada ideal para festas familiares, churrascadas e outras celebrações. Este prato delicioso é também muito popular em refeições ao ar livre, durante o Verão.

1 kg de polvo
1 cebola
1 ramo de salsa
3 colheres de sopa de azeite
1 colher de sopa de vinagre branco
Sal e pimenta a gosto

Antes de ser cozinhado, o polvo deve ser bem limpo e lavado. Coloca-se o polvo numa panela com água suficiente para o cobrir. Coze-se até o polvo estar tenro. Escorre-se bem, e corta-se em pedaços pequenos, que se põem numa saladeira.

Junta-se a cebola e a salsa finamente picadas, rega-se com azeite e vinagre e tempera-se com pimenta e sal a gosto.

Amêijoas

Pipis

Pipis are one of many seafood dishes preferred by the Portuguese. Not only are they great on their own as a light meal or *petisco* but they are also used with pork in main meals. When buying pipis, be sure that they are fresh and are still alive, otherwise they do not open when cooked and are not suitable to eat.

1kg pipis
1 onion
3 tablespoons olive oil
2 cloves of garlic, finely chopped
1 bay leaf
½ cup parsley, finely chopped
½ teaspoon salt
Pinch pepper or chilli powder

Place the pipis in salted water for a few hours to remove all the sand. Wash them thoroughly prior to cooking.

Finely chop the onion and cook with the oil in a large pot. Add the chopped garlic and the bay leaf and cook until golden brown. Then add the pipis and parsley and season with salt and pepper or chilli. Cook over high heat with the lid on, shaking the pot now and again for about 5-10 minutes, until the pipis open. Serve while hot.

As amêijoas são um dos mariscos mais apreciados pelos portugueses. Podem ser servidas como entrada ou petisco, mas também são usadas em receitas com carne de porco. As amêijoas devem ser compradas frescas e vivas. Caso não sejam frescas não abrem ao cozinhar, e não devem ser consumidas.

1kg de amêijoas
1 cebola
3 colheres de sopa de azeite
2 dentes de alho
1 folha de louro
½ chávena de salsa, finamente picada
½ colher de chá de sal
Uma pitada de pimenta, ou piri-piri

Põem-se as amêijoas em água com bastante sal durante umas horas para largarem toda a areia. Lavam-se bem em várias águas antes de serem preparadas.

Num tacho aloura-se a cebola picada e junta-se o alho também picado, e o louro. Em seguida, juntam-se as amêijoas e a salsa. Tempera-se com sal e pimenta ou piri-piri e deixa-se cozinhar em lume fortte com o tacho tapado, sacudindo-se de vez em quando, aproximadament 5-10 minutos, até as amêijoas abrirem. Servem-se quentes.

Moelas

Portuguese-style Marinaded Giblets

This is another very popular *petisco* in taverns, bars and cafés in Portugal. It is also a great and very tasty light meal or starter, usually served with some good homemade bread for dipping in the rich and spicy sauce.

1kg chicken giblets
½ teaspoon salt
Pinch pepper or chilli
4 cloves of garlic, crushed
½ teaspoon paprika
2 bay leaves
1 cup of white wine
1 onion
3 tablespoons olive oil
50g chouriço, cut into peices
50g presunto, cut into peices
2 tablespoons tomato paste
250ml water

Prepare the giblets by thoroughly cleaning them and removing any fat. Cut them into small pieces and marinade with salt, pepper(or chilli), crushed garlic, paprika, bay leaves and white wine and leave overnight.
Finely chop the onion and cook in the olive oil until golden. Add the chouriço, presunto, tomato paste, water and the giblets with the marinade. Bring to the boil and simmer until well-cooked and tender (approx. 1 hour at moderate heat), adding more water if necessary. Season with salt and pepper to taste, and serve.

As moelas são um petisco muito popular nas tavernas, bares e cafés de Portugal. Podem também ser servidas como uma entrada acompanhada com pão caseiro para molhar no seu molho picante e saboroso.

1kg de moelas
½ colher de chá de sal
Uma pitada de pimenta ou piri-piri
4 dentes de alho pisados
½ colher de chá de colorau
2 folhas de louro
1 copo de vinho branco
1 cebola grande
3 colheres de sopa de azeite
50g de chouriço, curtado em rodelas
50g de presunto, curtado em pedaços
2 colheres de sopa de tomate em pasta
250ml de água

Lavam-se bem as moelas e limpam-se de toda a gordura. Cortam-se em pedaços pequenos e põem-se a marinar com sal, alho pisado, colorau, louro, pimenta (ou pirr-piri) e vinho branco. Deixa-se marinar dum dia para o outro. Aloura-se a cebola picada no azeite, junta-se o chouriço, o presunto, a pasta de tomate e as moelas juntas com o molho da marinada e água. Deixa-se ferver e cozer bem (aprox. 1hour em lume brando), e vai-se juntando um pouco de água para não secar o molho. Rectificam-se os temperos se for necessário e sirva-se.

Pão Caseiro
Home-style Bread

Bread is one of the staple ingredients of the Portuguese table. The aroma of home-baked bread is delicious — there is nothing quite like it. My grandmother would make this bread at least twice a week. My mother learnt to make this bread from her by watching and picking up the tricks and techniques of the old ways. She would mark the dough with a cross before leaving it to rise, knowing that when the cross disappeared the bread would be ready to bake in her old wood-fired oven. Strong and crusty on the outside and soft and full-flavoured on the inside, there was nothing tastier than this fresh, hot, crusty bread straight out of the oven, spread with a little butter.

O pão é um alimento indispensável na mesa portuguesa. O cheiro do pão caseiro é delicioso e incomparável. A minha avó costumava fazer este pão duas vezes por semana. A minha mãe aprendeu com ela os seus segredos, técnicas e antigas tradições, tais como fazer uma cruz em cima do pão amassado para saber quando estava lêvedo. Quando a cruz desaparece o pão está pronto para ir cozer ao forno. Nos tempos da minha avó, era sempre feito nos antigos fornos de lenha, e ficava um pão de côdea estaladiça e bem fofo por dentro. Não há nada mais saboroso do que uma fatia de pão caseiro quentinho com manteiga.

500g plain flour
Pinch of salt (more or less to taste)
2 teaspoons dried yeast
350ml water, or more if necessary

Mix together the flour, yeast and salt in a large mixing bowl and make a well in the centre. Pour in the water slowly, stirring it through the dry ingredients until forming a dough, and adding more water if necessary.

Mix and knead well until the dough becomes smooth and elastic. Form the dough into a

500g de farinha
Uma pitada de sal (ou a gosto)
2 colheres de chá de fermento granulado, tipo leverina
350ml de água, ou mais se for necessário

Mistura-se a farinha com o fermento e o sal num recipiente. Faz-se um buraco no meio da farinha, e deita-se a água e mexe-se bem, juntando-se mais água, se for necessário.

Amassa-se bem até a massa ficar macia e elástica. Forma-se uma bola com a massa e cobre-

ball and coat with flour. Cover and leave to rise in a warm place until it doubles in size.

Once the dough has risen, form it into the shape and size you desire and place onto a baking tray. Bake in a pre-heated oven at 200° C, until it becomes golden and crispy on top. Be sure not to overcook it, as it tends to become very hard.

se com farinha. Tapa-se bem e deixa-se a levedar num lugar quente até crescer para o dobro do volume.

Quando a massa estiver lêveda, molda-se o pão no formato e tamanho a gosto. Coloca-se num tabuleiro e vai a cozer em forno bem quente á 200° C, até começar a apresentar uma côdea lourinha e estaladiça. Não se deve deixar cozer demasiado para não ficar muito seco e duro.

Pratos Principais
Main Meals

My mother has distinct memories of some of the tasty seafood dishes she had experienced growing up in a small rural village in Portugal. One of these was the *Caldeirada De Peixe* — The Fisherman's Stew. The meal would be cooked down by the river as the men brought in their catch. The women prepared this amazing stew by layering the fish with potatoes, onions and tomatoes, letting it stew over an open fire. The freshness of all the ingredients would add an amazing depth of flavour. Over time my mother has taken on what she learnt and saw as a child and made it her own, adding different ingredients depending on what she had on hand.

This stew is a popular favourite in Portugal, especially around coastal towns but also throughout inland rural areas. There are numerous variations from region to region. This is the way Portuguese cuisine has grown

A Minha mãe tem memórias distintas da comida gostosa que comeu em criança, na pequena aldeia rural onde vivia. Um dos pratos preferidos era a Caldeirada de Peixe, que em dias de Verão era preparada à beira do rio. Os homens iam pescar e com a sua pesca as mulheres cozinhavam a boa caldeirada, pondo em camadas numa grande panela as batatas, tomates cebolas e peixe deixando cozinhar sobre o fogo brando. Com o tempo, minha mãe tendo em conta as lembranças e juntando outros ingredientes diferentes dependendo o que se tem à jeito, faz caldeirada com várias diferentes qualidades de peixe.

A caldeirada é um prato muito popular em todo o Portugal, mas principalmente nas zonas costeiras do país. Existem muitas variações da receita básica, de acordo com as regiões. Assim desenvolveu a cozinha

— the home-grown, rustic ways of the old have become more refined as they are passed down the generations and as each person makes them their own. The recipes have developed as people have learnt from each other and passed on their secrets over time.

Main meals are the heart of Portuguese cuisine. They are strong flavoured, even heavy at times and their usually large servings make them very filling and satisfying. Lunch has traditionally been the most important and biggest meal of the day in Portugal. Most businesses close for at least an hour for lunch. Siestas — short naps after lunch — are still very popular in rural communities and demonstrate just how seriously the Portuguese take their meals.

The most popular Portuguese meals are a strong reflection of the country's roots and its people. The seafood and salt cod dishes really exemplify the rich fishing culture that has shaped the nation's cuisine. The beef, pork and poultry show the versatility of the meat and the marinades which really distinguish these dishes. The preservation of the

Portuguesa, com as suas maneiras rusticas as receitas e os seus segredos vão passando de mão em mão por gerações, crescendo e refinando a culinaria Portuguesa.

O prato principal é o centro da cozinha portuguesa, e estes pratos são geralmente fortes e servidos em grandes quantidades, o que os tornam muito substanciais. O almoço é tradicionalmente a refeição principal, e a mais importante do dia. É costume em Portugal, a maioria dos negócios fecharem durante uma hora para o almoço, o que demonstra que esta refeição não deve ser consumida à pressa. Nas comunidades rurais, as sestas, depois do almoço, são ainda muito populares. Demonstrando assim como os Portugueses apreciam as suas refeições.

As refeições populares portuguesas reflectem a cultura de Portugal e dos seus habitantes. Os pratos de bacalhau, por exemplo dominam a cozinha portuguesa, demonstrando como é rica a cultura da pesca, como parte da culinária nacional. As carnes de vaca, porco e de galinha, e os seus diferentes temperos mostram a diversidade do gosto dos

produce, which were once a necessity, have become distinctive elements in Portuguese cooking. So much of the flavour and uniqueness in each dishe lies in its preparation. The versatility of the ingredients — wine, olive oil, garlic and spices — augment the Portuguese flavours and reflect the region's deep history and foreign influences. From the humble farmer's crop to the exploration of the wider world by sea, the Portuguese have clearly held onto what defined them as a nation through their food.

portugueses. A preparação e conservação dos ingredientes, que eram uma necessidade, tornaram-se num elemento distincto e saboroso da cozinha portuguesa. A versalidade e variedade dos ingredientes, desde o vinho, azeite, alho até às especiarias, acentuam o sabor português, e são um reflexo da história de cada região, e das influências estrangeiras. Da agricultura, até à exploração pelo mar, os portugueses mantêm as qualidades que os definem como uma nação, através da sua culinária.

portugal 1964?

Aro. portugal 1968

Caldeirada de Peixe
Fisherman's Stew

For this stew, any type of fish with firm flesh can be used. Fish that are good for stews or soups include fillets, sword fish, tuna steaks, calamari, sardines, skate and mullet. Shellfish such as mussels and pipis are also ideal.

Para esta caldeirada, o peixe deve ser firme. Pode-se usar qualquer peixe que seja próprio para sopas ou caldeiradas, tais como filetes, peixe espada, atum fresco, lulas, sardinhas, amêijoas e mexilhões.

2kg fish
3 onions, finely sliced
2kg potatoes, medium sliced
4 ripe tomatoes, diced
1 teaspoon salt
½ teaspoon chilli or Tabasco sauce
3 bay leaves
1 bunch parsley, chopped
200ml olive oil
250ml white wine
500ml water

2kg de peixe
3 cebolas cortadas em rodelas finas
2kg de batatas cortadas em rodelas médias
4 tomates, maduros e cortados em cubos
1 colher de chá de sal
½ colher de chá de molho piri-piri ou tabasco
3 folhas de louro
1 ramo de salsa
200ml de azeite
250ml de vinho branco
500ml de água

In a large stew pot, place alternate layers of onions, fish, potatoes and tomatoes. Season with salt, chilli, bay leaves, parsley and pour over olive oil and white wine, adding water until top layer is completely covered. Bring to boil, reduce heat and simmer. Do not stir, shake the pot occasionally and simmer until potatoes are well-cooked and soft.

Num tacho grande, colocam-se camadas alternadas de cebola, peixe, batatas e tomate. Tempera-se com sal, piri-piri, louro, salsa, e rega-se com o azeite, o vinho branco e água suficiente para cobrir. Vai ao lume, e coze-se em lume brando, sem mexer, mas abanando a panela de vez em quando. Deixa-se cozer até as batatas ficam bem cozidas.

Feijoada à Portuguesa
Portuguese Bean Stew

A sturdy traditional country dish, *Feijoada* is very popular throughout rural Portugal. Traditionally it contains large portions of preserved pork meats such as salted pork ribs, pigs' trotters, *toucinho* (a meat similar to streaky bacon), *chouriço* and *morcela* (a type of blood sausage similar to black pudding). It can also be made with fresh meats instead of salted ones.

1kg dried butter beans

1 tablespoon salt

1 *chouriço*

1 *morcela* (or black pudding or blood sausage)

200g *toucinho*, (streaky bacon)

350g lean pork meat

1 onion, chopped

4 tablespoons olive oil

50g margarine or butter

Optional: 350g salted pork ribs or smoked ribs and 1 pig's trotter or ham hock

Soak the beans in cold water overnight. Boil the beans in plenty of water with the salt, until well-cooked (appox. 5-10 minutes). In a separate pot, boil the meats in unsalted water. Cook until tender and set aside, reserving the broth. In another pan, fry the onion in the olive oil and margarine until golden. Cut the cooked meats into pieces and add to the onion. Bring to boil and leave to cook for 15 minutes, adding a little of the reserved broth from the meats, a bit at a time. Season with salt, if necessary, then add the beans. Leave to simmer for a while, and serve hot.

A Feijoada é um prato substancial e muito popular nas zonas rurais de Portugal. Para este prato usa-se uma variedade de carnes de porco, tais como costeletas de porco salgadas, pé de porco, toucinho, chouriço e morcela. Querendo pode ser feito também com carne fresca magra de porco ou vaca.

1kg de feijão branco, seco

1 colher de sopa de sal

1 chouriço

1 morcela

200g de toucinho salgado

350g de carne de porco magra

1 cebola picada

4 colheres de sopa de azeite

50g de margarina ou manteiga

Facultativo: 350g de entrecosto salgado e 1 chispe salgado

Demolha-se o feijão de véspera. Coze-se o feijão numa panela com bastante água e sal, até estar cozido (aprox. 5-10 minutos). À parte, cozem-se as carnes com bastante água sem sal. Quando estiverem cozidas reservam-se juntamente com o caldo. Noutra panela, refoga-se a cebola com o azeite e margarina até estar loura. Juntam-se as carnes cozidas e cortadas em pedaços. Deixa-se ferver durante 15 minutos, e vai-se juntando, aos poucos, o caldo da cozedura. Tempera-se com sal, se for necessário e junta-se o feijão cozido. Deixa-se apurar e serve-se quente.

Favas com Chouriço

Broad Beans with Chouriço

Fresh broad beans are very popular in Portuguese cooking, and they can be cooked in numerous ways. This is a very tasty recipe using some popular Portuguese delicacies, such as presunto and chouriço.

As favas são muito populares na cozinha portuguesa, e existem várias maneiras de as preparar. Esta receita é rápida e muito saborosa, na qual se usam deliciosos chouriços e presunto.

1 onion, finely chopped
3 tablespoons olive oil
1 chouriço, thinly sliced
100g presunto, chopped into small pieces
250ml white wine
1kg broad beans
250ml water
1 teaspoon salt (more or less to taste)

1 cebola picada
3 colheres de sopa de azeite
1 chouriço, cortado em rodelas finas
100g de presunto, cortado em pedaços pequenos
250ml de vinho branco
1kg de favas
250ml de água
1 colher de chá de sal, ao gosto

Fry the onions in a small pot with the olive oil until golden. Add the chouriço, presunto and white wine. Bring to the boil, then add the broad beans and water.

Season with salt to taste and simmer for approximatly 10 minutes, until beans are well cooked.

Refoga-se a cebola no azeite, até ficar dourada. Juntam-se as rodelas de chouriço, os pedaços de presunto e o vinho branco. Deixa-se apurar em lume brando, e juntam--se as favas e a água.

Tempera-se com sal e deixa-se ferver até as favas estarem tenras.

Bacalhau a Brás
Salted Cod a Brás

800g salted cod, soaked and washed
500g potatoes, cut into thin chips
100ml olive oil
3 large onions, thinly sliced
3 cloves of garlic, finely chopped
6 eggs
Pinch of salt and pepper (more or less to taste)
1 bunch parsley, finely chopped
Black olives for garnish

Pull the salted cod into small strips using your fingers, and remove the skin and bones. Fry the potato chips in oil until lightly golden. Drain of excess oil by placing them on paper towels and set aside.

In a large frying pan, cook the sliced onions and the garlic in the olive oil until golden. Add the cod and cook over low heat, for a few minutes, stirring continuously. Add the potato chips and eggs (which have been lightly beaten with salt and pepper). Stir well until the eggs are cooked. Place into a large serving dish, sprinkle with finely chopped parsley and black olives. Serve hot.

800g de bacalhau demolhado
500g de batatas cortadas em palitos
100ml de azeite
3 cebolas grandes cortadas em rodelas finas
3 dentes de alho picado
6 ovos
Uma pitada de sal e pimenta, ou a gosto
1 ramo de salsa
Azeitonas pretas para enfeitar

Desfia-se o bacalhau em cru e retiram-se todas as peles e espinhas. Fritam-se as batatas em óleo até alourarem. Deixam-se escorrer em papel absorvente e reservam-se.

Leva-se ao lume uma frigideira grande com o azeite, as cebolas e o alho picado, até a cebola estar loura. Junta-se o bacalhau desfiado e cozinha-se em lume brando por alguns minutos mexendo sempre. Adicionam-se as batatas fritas e os ovos batidos com sal e pimenta. Mexe-se bem até os ovos cozerem. Coloca-se numa travessa e enfeita-se com salsa picada e azeitonas pretas. Serve-se quente.

Bacalhau à Gomes-Sá
Salted Cod a Gomes-Sá

1kg salted cod, soaked and washed
1kg potatoes
1 large onion, thinly sliced
3 cloves of garlic, finely chpped
1 bay leaf
150ml olive oil
1 tablespoon salt
Pinch of pepper
4 eggs, hard-boiled
½ cup finely chopped parsley
Black olives for garnish

In a large pot, boil the cod with enough water to completely cover and cook well until tender. When cooked, skin and bone the cod and pull into thin strips. Boil the potatoes in salted water, whole with skin on, untill tender. Peel and cut the potatoes into medium slices and set aside. Fry the olive oil, onion, garlic and bay leaves in a large frying pan until the onion is golden. Add the cod and potatoes and fry for approximately 2 minutes, stirring continuously. Remove from the stove and season with pepper and more salt if necessary. Place into a baking dish and bake in a pre-heated oven at approximately 200°C for 5-10 minutes, until lightly golden. Meanwhile, shell the eggs and cut into thin slices. When ready to serve, decorate with the egg and sprinkle with finely chopped parsley and some black olives.

1kg de bacalhau demolhado
1kg de batatas
1 cebola grande
3 dentes de alho
1 folha de louro
150ml de azeite
1 colher de sopa de sal
Uma pitada de pimenta
4 ovos cozidos
½ chávena de salsa picada
Azeitonas pretas para enfeitar

Coze-se o bacalhau numa panela com água suficiente para o cobrir completamente. Quando estiver cozido, tiram-se as peles e as espinhas e corta-se em lascas. À parte, cozem-se as batatas com a pele, até estarem bem cozidas. Descascam-se e cortam-se em rodelas médias e reservam-se.
Põe-se ao lume uma frigideira grande com o azeite, a cebola cortada em rodelas finas, o alho picado e o louro e deixa-se fritar até a cebola estar loura. Junta-se o bacalhau e as batatas, e salteiam-se durante 2 minutos. Retira-se do lume e tempera-se com pimenta e sal, se for necessário e coloca-se num tabuleiro, e leva-se ao forno a alourar à 200°C, por 5-10 minutos. Descascam-se os ovos cozidos, e cortam-se em rodelas. Tira-se o bacalhau do forno, enfeita-se com os ovos, a salsa picada e as azeitonas pretas.

Bacalhau com Presunto
Salted Cod with Presunto

4 thick pieces of salted cod, soaked and washed	4 postas grossas de bacalhau demolhado
4 medium-thick slices of presunto	4 fatias de presunto médias
2 onions, thinly sliced	2 cebolas, cortadas em fatias finas
400g tinned, peeled tomatoes, chopped	400g lata de tomate pelado
1 bay leaf, finely chopped	1 folha de louro
150ml olive oil	150ml de azeite
½ teaspoon paprika	½ colher de chá de colorau
½ teaspoon pepper	½ colher de chá de pimenta
1 teaspoon dry breadcrumbs	1 colher de chá de pão ralado

With a sharp knife, remove the skin of the cod, then carefully cut open, making a slit along the length of each piece, but without separating into two halves. Then fill each piece with a slice of presunto. In a baking dish arrange the onions in a layer and top with the tinned tomatoes. Add the finely chopped bay leaf and place the cod pieces on the top. Drizzle with olive oil and season with paprika, pepper and breadcrumbs. Bake in a moderatly heated oven for about 30 minutes, sprinkling some of the juices over the top once in a while to keep it from drying out. Remove from the oven when the cod is well-cooked and golden.

Com uma faca bem afiada, retira-se a pele ao bacalhau. Com cuidado, abrem-se as postas ao meio a todo o comprimento, mas sem separar as duas metades. Recheia-se cada posta com uma fatia de presunto.

Numa assadeira, coloca-se uma camada de cebola, e a lata de tomate pelado previamente esmagado. Junta-se a folha de louro, partida em pedaços e por cima põem-se as postas de bacalhau. Rega-se com o azeite e polvilha-se com colorau, pimenta e pão ralado. Assa-se no forno por volta de 30 minutos, regando de vez em quando com o molho, para evitar que o bacalhau se queime. Retirar quando o bacalhau estiver bem assado e dourado.

Bacalhau com Natas

Salted Cod in Cream

4 thick pieces of salted cod, soaked and washed
600ml milk
1 onion, thinly sliced
1kg potatoes, peeled and cubed
2 tablespoons plain flour
200ml thickened cream
4 tablespoons olive oil
Pinch of salt, pepper and nutmeg
½ cup grated cheese
Oil for frying

4 postas de bacalhau grosso, demolhado
600ml de leite
1 cebola, em rodelas finas
1 kg de batatas
2 colheres de sopa de farinha
200ml de natas
4 colheres de sopa de azeite
Uma pitada de sal, pimenta e noz moscada
½ chávena de queijo ralado
Óleo para fritar

Place the cod in a large pot with the milk and bring to boil. Leave to simmer until the cod is cooked and tender. Drain the cod, reserving the milk, and set aside. Cut the cod into thin strips, removing the bones.

Fry the onions in olive oil until golden. Add the cod and cook until golden, but do not overcook. Add the flour, mixing well, then add the reserved milk. Allow to thicken, stirring occasionally.

Peel and cut the potatoes into cubes and fry in oil until crispy. Drain them and add to the cod, seasoning with salt, pepper and nutmeg to taste. Place in a greased baking dish and pour the thickened cream over the top, sprinkle with the grated cheese. Bake in a moderately heated oven for 15 minutes or until golden.

Coze-se o bacalhau com o leite, deixando ferver até ficar bem cozido. Escorre-se bem, reservando o leite. À parte, lasca-se o bacalhau.

Corta-se a cebola em rodelas muito finas e leva-se ao lume com o azeite até alourar ligeiramente. Junta-se o bacalhau às lascas e coze-se até estar louro, mas não seco. Polvilha-se com a farinha, mexe-se e rega-se com o leite de cozer o bacalhau.

Deixa-se engrossar, mexendo de vez em quando Descascam-se e cortam-se as batatas em cubos e fritam-se no óleo. Põem-se a escorrer e juntam-se ao bacalhau, temperando com sal, pimenta e noz moscada, a gosto. Deita-se num tabuleiro untado, espalham-se por cima as natas e polvilha-se com queijo ralado. Leva-se ao forno por 15 minutos ou até alourar.

Bacalhau no Forno

Oven-Baked Salted Cod

4 pieces of salted cod, soaked and washed
6 tablespoons port wine
100ml olive oil
Black peppercorns (to taste)
4 medium onions, thinly sliced
4 cloves of garlic, finely chopped
600ml milk

4 postas de bacalhau, demolhado
6 colheres de sopa de vinho do Porto
100ml de azeite
Pimenta em grão (a gosto)
4 cebolas médias, em rodelas finas
4 dentes de alho, finament curtado
600ml de leite

Place the pieces of cod into a bowl, and cover with milk. Add 1 tablespoon of the olive oil and some ground peppercorns. Leave to marinade for approximately 1 hour, then drain.

Spread a small amount of the olive oil in a baking dish and cover the bottom of the dish with half the onions. Place the drained cod over the top of the onions, without overlapping. Sprinkle with finely chopped garlic and cover with the remaining onions. Pour over the port wine and the remainder of the olive oil. Cover the dish with aluminium foil and bake in a moderatly heated oven for 45 minutes, pouring some of its juices over the top during cooking to prevent drying.

Remove the foil and bake uncovered for a further 5 minutes. Serve with mashed potatoes and fresh garden salad.

Colocam-se as postas de bacalhau dentro dum pirex, e cobrem-se com leite. Junta-se 1 colher de sopa de azeite e alguns grãos de pimenta pisados, e deixa-se marinar durante 1 hora.

Põe-se azeite numa assadeira e espalham-se no fundo 2 cebolas cortadas em rodelas. Por cima, põem-se os filetes de bacalhau escorridos, mas sem os sobrepor. Polvilham-se com os alhos picados e cobrem-se com a restante cebola. Rega-se com vinho do Porto e uma boa porção de azeite. Tapa-se a assadeira com papel de alumínio e assa-se no forno moderado durante 45 minutos, deitando o molho que se for formando, por cima.

Retira-se o papel de alumínio, e deixa-se apurar mais 5 minutos. Serve-se acompanhado de puré de batata e salada de alface.

Bacalhau da Consoada

Christmas Eve Salted Cod

This simple recipe of *bacalhau* is traditionally served at Christmas Eve dinner and is an important part of Portuguese Christmas festivities.

Este simples bacalhau é tradicionalmente servido no jantar da Consoada, sendo um prato importante nas festividades portuguesas durante o Natal.

500g salted cod, soaked and washed
1kg potatoes
1kg cabbage (or Kale or Chinese broccoli)
4 eggs, hard boiled
100ml olive oil
Vinegar to taste
3 cloves of garlic, finely chopped
2 teaspoons salt

500g de bacalhau, demolhado
1kg de batatas
1kg de couve portuguesa
4 ovos
100ml de azeite
Vinagre a gosto
3 dentes de alho
2 colheres de chá de sal

Remove the skin and bones from the cod, and cut into good-sized pieces. Place the cod and the potatoes cut in half in a large pot. Cover with water and cook until tender, then drain. In another pot, cook the cabbage in salted water until tender and drain. Boil and peel the eggs, and set them aside.

Tiram-se a pele e as espinhas ao bacalhau e corta-se em postas. Numa panela com água a ferver, cozem-se as batatas cortadas ao meio e as postas de bacalhau. Escorrem-se. À parte, cozem-se as couves em água e sal, e escorrem-se quando tenras. Separadamente cozem-se os ovos com casca, e descascam-se.

On a large serving tray, arrange the pieces of cod, the cabbage leaves, the potatoes and the eggs and dress with combined olive oil, vinegar and garlic to taste. Serve while hot.

Numa travessa colocam-se as postas de bacalhau, as folhas de couve, as batatas e os ovos e tempera-se com azeite, vinagre e alho a gosto. Serve-se enquanto quente.

Arroz de Bacalhau (com tomate)

Tomato and Salted Cod Rice

1 large piece of salted cod, soaked and washed
1 large onion, finely chopped
3 tablespoons olive oil
3 ripe tomatoes, peeled and chopped
1 cup rice, washed and drained
750ml hot water
½ teaspoon salt (or more to taste)
Pinch of pepper

Thoroughly wash the cod and pull into little strips, removing the skin and bones.

Fry the onion lightly in the olive oil, add the cod and stir continuously until cooked and lightly golden. Peel the tomatoes and chop into pieces, then add to the cod and onions, stirring well until the tomatoes have dissolved into a purée. Add the rice with the hot water, season with salt and pepper to taste. Bring to boil then leave to simmer until the rice is cooked.

1 posta grande de bacalhau, demolhado
1 cebola grande
3 colheres de sopa de azeite
3 tomates maduros
1 chávena de arroz, lavado e escorrido
750ml de água quente
½ colher de chá de sal (a gosto)
Uma pitada de pimenta

Lava-se muito bem o bacalhau, lasca-se e tiram-se as peles e espinhas.

Refoga-se ligeiramente a cebola no azeite e junta-se o bacalhau, mexendo bem até refogar e alourar. Descasca-se o tomate e corta-se em pedaços pequenos, e juntam-se ao bacalhau e à cebola, mexendo bem até o tomate ficar dissolvido. Junta-se então o arroz, e acrescenta-se a água bem quente. Tempera-se com sal e pimenta e deixa-se cozinhar em lume brando até o arroz abrir.

Arroz de Marisco
Seafood Rice

Arroz de Marisco is a seafood dish from the coastal regions of Portugal that has become very popular nationwide. It includes many delicacies and makes for quite a rich seafood feast.

O Arroz de Marisco é um rico prato delicioso, muito popular nas províncias da costa de Portugal, e também no restante país.

2 onions, finely chopped
2 cloves of garlic, finely chopped
100g margarine or butter
2 ripe tomatoes, peeled and chopped
1 crab, quartered
500g prawns
1 red chilli pepper, chopped
1 teaspoon paprika
1 teaspoon salt
Pinch of pepper
2 tablespoons tomato paste
100ml white wine
1 green capsicum, cut into thin strips
300g of rice
500ml boiling water
250g mussels
500g pipis
1 bunch coriander, chopped

2 cebolas picadas
2 dentes de alho picados
100g de margarina, ou manteiga
2 tomates maduros
4 patas de sapateira
500g de camarão
1 malagueta, picado
1 colher de chá de colorau
1 colher de chá de sal
Uma pitada de pimenta
2 colheres de sopa de concentrado de tomte
100ml de vinho branco
1 pimento verde
300g de arroz
500ml de água
250g de miolo de mexilhão
500g de amêijoas
1 raminho de coentros, finamente picado

Cook the onions with the garlic in margarine or butter in a large but shallow pot until golden. Peel and deseed the tomatoes, then cut into small pieces and add to the onions, crab and

Refogam-se as cebolas e o alho na margarina ou manteiga, numa panela larga e pouco funda. Junta-se o tomate cortado em pedaços, limpo de peles e sementes, e acrescentam-se os

prawns. Season with chilli, paprika, salt and pepper, then add the tomato paste and dress with white wine. Let simmer for about 10 minutes then add the capsicum and the rice. Add boiling water, correcting the seasoning if necessary, and cook for a further 8 minutes. Finally, add the mussels and pipis, placing the lid on the pot and letting it simmer for about 5-10 minutes or until the pipis open. Sprinkle with coriander and serve.

mariscos, excepto o mexilhão e as amêijoas. Tempera-se com sal, pimenta, malagueta, colorau e pimentão. Acrescenta-se o concentrado de tomate e rega-se com vinho branco. Deixa-se estufar durante 10 minutos e junta-se o pimento às tiras e o arroz. Junta-se a água a ferver, rectificam-se os temperos deixa-se cozinhar por mais 8 minutos em lume brando. Por fim, adiciona-se o mexilhão e as amêijoas, tapa-se o tacho e deixa-se cozer até as amêijoas abrirem. Salpica-se com os coentros e serve-se quente.

Camarões no Forno
Oven-Baked Prawns

This is a delicious and spicy way to serve prawns. The Portuguese adore their piri-piri and anything that's hot!

1kg uncooked prawns
100ml olive oil
1 head of garlic, thinly sliced
200ml white wine
2 tablespoons rock salt
Chilli to taste

Place the prawns into a bowl. Mix together the remaining ingredients and pour over prawns. Cover and leave to marinade overnight.

Place the prawns in a baking tray and dress with the marinade. Bake in the oven at 200°C for approximately 20 minutes, turning the prawns after 10 minutes. Serve hot with fresh green garden salad.

Esta é uma maneira deliciosa de servir camarões. Os portugueses adoram piri-piri e tudo que seja bem picante!

1 kg de camarão cru
100ml de azeite
1 cabeça de alho cortado em fatias
200ml de vinho branco
2 colheres de sopa de sal grosso
Piri-piri a gosto

Põe-se o camarão num recipiente e tempera-se com o sal grosso, piri-piri, azeite, alho e o vinho branco. Deixam-se ficar a marinar até ao dia seguinte.

Colocam-se os camarões dentro dum tabuleiro, regam-se com a marinada e levam-se ao forno com temperatura de 200°C cerca de 20 minutos, virando os camarões a meio da cozedura. Servem-se quentes com uma salada de alface.

Sardinhas Assadas

Grilled Sardines

Along with the salted cod, sardines are undoubtedly the fish most widely consumed by Portuguese people. They are best enjoyed in the summertime, cooked over the hot coals of a barbecue with their distinguishing aroma filling the air.

Wash 1kg of large fresh sardines.

Coat with sea salt and grill on a wire grill over hot coals, turning once.

Sardines are best enjoyed dressed with olive oil and served with boiled potatoes, char-grilled capsicum and fresh garden salad.

Assim como o bacalhau, as sardinhas são um dos peixes mais consumidos pelos portugueses. São muito apreciadas no Verão sendo simples de preparar e de assar em grelhador de brasas ao ar livre. O seu cheiro incomparável abre o apetite.

Lava-se 1kg de sardinhas grandes e frescas. Salpicam-se com sal grosso. Assam-se em lume de carvão, numa grelha de arame.

Servem-se bem quentes acompanhadas de batatas cozidas, bom azeite de oliveira, pimentos assados e salada.

Petingas no Forno
Traditional Oven-Roasted Sardines

This is one of my father's favourites. My grand-mother used to cook the sardines over the hot coals of the old wood-fired oven after baking the bread.

1kg small sardines
150g cornflour
2 large onions, thinly sliced
2 bay leaves
3 tablespoons olive oil
1 tablespoon white vinegar
4 cloves of garlic, finely chopped
Chilli to taste

Thoroughly clean the sardines and coat with the flour. Traditionally a clay baking dish is used for this recipe, but a ceramic one can be used. Place a layer of onions and a bay leaf on the bottom of the dish, followed by a layer of sardines. Repeat the layers of sardines and onions, finishing with a top layer of sardines. Sprinkle over the olive oil, vinegar, garlic and chilli to taste. Roast in a moderatly heated oven until crispy and golden brown.

Uma receita favorita do meu pai. A minha avó costumava cozinhar estas sardinhas no forno de lenha depois de cozer o pão.

1 kg de petingas
150g de farinha de milho
2 cebolas grandes cortadas em rodelas finas
2 folhas de louro
3 colheres de sopa de azeite
1 colher de sopa de vinagre branco
4 dentes de alho picados
Piri-piri a gosto

Amanham-se as petingas e envolvem-se em farinha de milho. Num tabuleiro de ir ao forno, de preferência de barro, cobre-se o fundo com rodelas de cebola, uma folha de louro e uma camada de petingas. Repetem-se as camadas de cebola e petingas até acabarem. A última camada deve de ser de petingas. Regam-se com o azeite, o vinagre, e junta-se o piri-piri e os dentes de alho e vão ao forno a assar até ficarem bem louras.

Jardineira
Veal and Vegetable Stew

1 onion, finely chopped

3 tablespoons olive oil

800g veal, for stewing

2 tablespoons tomato purée

2 carrots

1 turnip

900g potatoes

150g peas

750ml water

1 teaspoon salt (more or less to taste)

Pinch of pepper

In a large stew pot fry the onion lightly in olive oil. Cut the veal into cubes and add to the onion along with the tomato purée. Season with salt and pepper and add the water. Bring to boil and simmer at moderate heat.

After 40 minutes, add the carrots, turnip and potatoes (all cut up into small pieces), adding more water if necessary, to cover the vegetables. Bring to boil, then add the peas and cook for a further 20-30 minutes or until the vegetables are tender. Rectify the seasoning as needed and serve.

1 cebola, picada

3 colheres de sopa de azeite

800g de carne de vaca, para guisar

2 colheres de sopa de polpa de tomate

2 cenouras

1 cabeça de nabo

900g de batatas

150g de ervilhas

750ml de água

1 colher de chá de sal, a gosto

Uma pitada de pimenta

Refoga-se a cebola com o azeite numa panela grande. Corta-se a carne em cubos pequenos e junta-se ao refogado, com a polpa do tomate. Tempera-se com sal e pimenta e rega-se com um pouco de água. Deixa-se cozinhar em lume brando.

Depois de 40 minutos da cozedura, acrescenta-se a cenoura, o nabo e as batatas, todos cortado em cubos. Adiciona-se mais água, se necessário para cobrir os vegetais. Assim que começar a ferver, juntam-se as ervilhas e deixa-se cozinhar por mais 20-ou30 minutos. Rectificam-se os temperos e serve-se.

portugal 1962...

119

Carne à Alentejana

Alentejana Pork

This pork dish with pipis or clams makes and unusual but exciting meal that is truly delicious. The combination may be odd, but it is a unique example of fine Portuguese cuisine and the imaginative resourcefulness of the Portuguese people.

1kg lean pork
500ml white wine
½ teaspoon salt
1 teaspoon paprika
4 cloves of garlic, crushed
2 bay leaves
1kg pipis
200g cooking lard
750g potatoes
½ cup finely chopped parsley or coriander
Oil for deep frying

Cut the pork into cubes and marinade over night in white wine, salt, paprika, garlic and bay leaves. Prepare the pipis by soaking them in salty water for at least two hours to release the sand. Drain the pork from the marinade and lightly fry it in the lard in a large pot until golden brown, then add the marinade to the meat. Add the pipis, place the lid over the pot and allow to cook until the pipis open, about 5-10 minutes at moderate heat. Meanwhile, cut the potatoes into cubes and fry them in olive oil. Mix the meat and pipis with the potatoes. Sprinkle with parsley or coriander to serve.

Este prato feito com carne de porco e amêijoas é diferente, mas muito gostoso. A combinação dos ingredientes não é muito comum, mas este prato é um exemplo da deliciosa e imaginativa cozinha tradicional portuguesa.

1 kg de carne de porco da perna ou do lombo
500ml de vinho branco
½ colher de chá de sal
1 colher de chá de colorau
4 dentes de alho esmagados
2 folhas de louro
1kg de amêijoas
200g de banha
750g de batatas
½ chávena de salsa ou coentros picados
Óleo para fritar

Corta-se a carne em pequenos quadrados, e põem-se de véspera a marinar em vinho branco, sal, colorau, os alhos esmagados e louro. Preparam-se as amêijoas deixando-as em água e sal, durante pelo menos 2 horas, para largar toda a areia. Escorre-se a carne da marinada e frita-se na banha, até estar dourada, juntando depois o molho da marinada. Juntam-se as amêijoas à carne, tapa-se a panela e cozinha-se até as amêijoas abrirem. Entretanto cortam-se as batatas em cubos e fritam-se em óleo. Misturam-se as batatas com a carne numa travessa de servir e enfeita-se com salsa picada ou coentros.

Bifanas de Porco
Pork Bifanas

6 pork steaks
4 cloves of garlic
1 teaspoon rock salt
1 teaspoon chilli
2 teaspoons paprika
250ml white wine
2 onions, thinly slices
100ml olive oil

Marinade the pork with garlic, salt, chilli, 1 teaspoon of paprika and white wine and leave to marinate overnight in the fridge.

Fry the onions in 50ml of the olive oil with 1 teaspoon paprika. Remove the pork from the marinade and fry in remaining olive oil for approximately 1 minute per side. Serve in fresh crusty bread with the onions.

6 febras de carne de porco
4 dentes de alho picados
1 colher de chá de sal grosso
1 colher de chá de piri-piri
2 colheres de chá de colorau
250ml de vinho branco
2 cebolas, cortadas em fatias finas
100ml de azeite

Temperam-se as bifanas com alho, sal, piri--piri, 1 colher de colorau e o vinho branco. Deixam-se dum dia para o outro no frigorífico. Fritam-se as cebolas cortadas, em 50ml de azeite e junta-se uma colher de colorau Tiram-se as bifanas da marinada e fritam-se nos 50ml de azeite, numa frigideira grande, mais ou menos 1 minuto de cada lado. Serve-se dentro do pão com as cebolas.

Galinha Assada

Roasted Chicken

Portuguese chicken is deservedly famous around the world. This version of chicken takes on the traditional flavour that has become the trademark of the Portuguese culture.

1 whole small chicken
125g margarine or butter
2 cloves of garlic, crushed
½ fresh chilli, finely chopped
1 tablespoon of vinegar
Pinch of pepper
Salt to taste

Place all the ingredients, except the chicken, in a small mixing bowl and mix well. Coat the chicken with the marinade inside and out. Over the breast of the chicken, cut fine slits and add extra marinade to thoroughly flavour the chicken. Leave to marinade for at least 2 hours.

Roast the chicken on a spit or in the oven in a baking tray at moderate heat, continuously re-coating with the marinade.

A galinha portuguesa é famosa em todo o mundo. Esta versão de galinha contém o gosto tradicional, que é bem distinto da cultura portuguesa.

1 frango pequeno
125g de margarina ou manteiga
2 dentes de alho pisados
½ malagueta picada
1 colher de sopa de vinagre
Uma pitada de pimenta
Sal a gosto

Misturam-se todos os ingredientes numa tigela e barra-se bem o frango por dentro e por fora. Dão-se uns golpes no peito onde se deita um pouco da marinada, para que fique mais gostoso. Deixa-se 2 horas a marinar.

Põe-se a assar num espeto, ou também se pode fazer no forno, numa assadeira. Barra--se constantemente com o molho.

Espetadas
Beef Skewers

These beef skewers are very popular in Madeira. This recipe was taught to me by my very dear friends from Madeira., It has been in their family for generations. Traditionally, the meat is skewered onto bay sticks, which brings out an amazing flavour. In the absence of bay sticks, some bay leaves can be skewered along with the meat; it may not be quite as effective but it does add to the flavour.

1kg topside or rump beef
Bay leaves
Sea salt

Cut the meat into medium-thick cubes and thread them onto skewers, along with a couple of bay leaves to taste. Place them in a dish and coat well in sea salt. Shake off a little of the salt, and place them on a well heated barbecue. Grill, turning continuously until the meat is cooked through.

Serve hot, with a garden salad and home-baked bread.

As espetadas são muito populares em especial na Ilha da Madeira. As minhas queridas amigas da Madeira deram-me esta receita, que é tradicional da família durante várias gerações. Tradicionalmente a carne deve ser assada espetada em pauzinos de loureiro, o que lhe dá um sabor muito especial. Na falta dos paus de loureiro, espetam-se umas folhas de louro juntamente com a carne, o que lhe dá um bom gosto.

1kg de carne de vaca
Folhas de louro
Sal grosso

Corta-se a carne, que deve ser de boa quali-dade e tenra, em cubos de tamanho médio. Espetam-se no espeto com umas folhas de louro, e salpicam-se bem com bastante sal grosso. Põem-se a assar na grelha quente, virando constantemente, até estarem bem cozidas.

Servem-se bem quentes com salada de alface e tomate, e pão caseiro.

Bolos & Sobremesas
Cakes & Desserts

The greatest thing about growing up in a Portuguese household would have to be the wonderful array of cakes, desserts and pastries, that would without fail be laid out at every celebration, dinner party and feast. Tables would be filled with as many creamy, sweet sensations as you could imagine. Including Sweet Rice Pudding, Egg Custard, Chocolate Mousse, Home-Style Caramel Pudding, Pumpkin Fritter Cakes, Sponge Cakes and much more, the display of rich desserts would be heaven for every child (and sweet-toothed adult alike) and definitely the perfect way to finish off a meal or enjoy a great cup of coffee.

The Portuguese love their sweets just as much as they love their coffee. They enjoy nothing more than socialising in cafés, drinking strong coffee and enjoying a sweet or pastry while discussing the ways of the world,

Uma das coisas mais intressantes de crescer e viver numa casa Portuguesa deve ser a grande variedade de bolos e sobremesas que, sem duvida, são apresentadas em qualquer festividade. Mesas repletas com vários tipos de doces, desde Arroz Doce, Leite Creme, Pudim Caseiro, Mousse de Chocolate, bolos variados e até Velhoses e Pão de ló . Com tanta riqueza de sobremesas seria um verdadeiro paraíso para qualquere criança, e mesmo adultos que gostem de coisas doces. É uma maneira perfeita para terminar uma boa refeição não esquecendo um bom café.

Os portugueses adoram os seus doces quase tanto como um bom café. O português típico encontra os seus amigos no café, onde discutem as notícias mundiais, ou o jogo da bola e até política, diante duma bica e um pastel de nata. As pastelarias estão cheias de coisas boas, tais como os Pastéis de Nata, as

soccer and politics. *Pastlerias* (pastry shops) are filled with wonderful cakes and pastries such as the *Pasties De Nata* (Portuguese Tarts) and the ever popular *Bolas* — soft, custard-filled, sugar-coated balls. But there is also nothing more satisfying than a home-baked cake or dessert. The variety is endless and variations numerous, with cakes and desserts for every occasion. Some of the best and most popular — such as Pumpkin Fritter Cakes and Fruit Cakes cakes — are traditionally made for Christmas but people also enjoy them al -year round.

But with such excellent fruit available in Portugal, its potential for sweet natural desserts cannot be overlooked. There are of course numerous fruit-based cakes and sweets, as well as preserves and jams, but the fruit on its own makes a wonderful dessert in itself. With such variety from across the nation, many Portuguese who have since set out across the sea undoubtedly have taken with them the sweet, delightful memories of the simplest treat of all — a juicy piece of fruit.

deliciosas Bolas e tantas outras variedades. Mas, o que mais satisfaz é um bolo ou sobremesa caseiro, os quais têm sem dúvida, um lugar especial no coração dos portugueses. As variações são numerosas, com bolos e sobremesas para todas as ocasiões. Alguns bolos bem populares e tradicionais são feitos na época do Natal, tais como as Velhoses e Bolos de Fruta, mas também podem ser preparados durante todo o ano.

Portugal tem uma grande variedade de fruta de boa qualidade, e o seu potencial é enorme. A fruta fresca não se pode esquecer, pois é muito importante para ser usada fresca, ou para a confecção de vários doces e sobremesas, e também para várias conservas. Com toda esta variedade, o emigrante português leva consigo memórias deliciosas, tais como o prazer de saborear uma boa peça de fruta bem fresca, doce e sumarenta.

Sweet Rice Pudding

Arroz Doce is a soft, creamy, rice-based custard and is a traditional favourite among the Portuguese people.

500g rice
2 litres water
1 teaspoon salt
1 litre milk
1 cinnamon stick
1 lemon rind (2cm thick)
300g sugar
6 egg yolks
1 teaspoon ground cinnamon, for decorating

Fill a pot with the water and salt and bring to boil. Add the rice and let it cook for approximately 10 minutes, then drain. Meanwhile, bring the milk to the boil in a separate pot with the cinnamon stick and lemon rind. As it comes to the boil, add drained rice. Cook over low heat until the rice begins to soften. Add the sugar, mixing well. Add the egg yolks, mix together quickly and remove from the heat. Remove the cinnamon stick and lemon rind. Place the sweet rice into little serving dishes or one large one. Decorate with the ground cinnamon and serve once the rice has cooled.

O Arroz Doce é muito saboroso e cremoso. Esta sobremesa tradicional é uma das favoritas em todas as casas portuguesas.

500g de arroz
2 litros de água
1 colher de chá de sal
1 litro de leite
1 pau de canela
1 casca de limão (2cm de grossura)
300g de açúcar
6 gemas de ovos
1 colher de chá de canela em pó, para decorar

Leva-se ao lume, um tacho com água temperada com sal. Quando ferver deita-se o arroz e deixa-se cozer durante dez minutos. Entretanto ferve-se o leite noutro tacho com o pau de canela e a casca de limão.

Escorre-se o arroz e junta-se ao leite a ferver. Deixa-se cozer bem em lume brando, até o arroz estar bem cozido. Junta-se o açúcar misturando bem. Por último juntam-se as gemas de ovos mexendo muito rapidamente e retira-se do lume. Tira-se o pau de canela e a casca de limão e coloca-se o arroz em travessas ou pratos individuais. Enfeita-se com canela em pó. Serve-se frio.

Leite Creme

Egg Custard

Egg-based custards are a popular dessert, and form the basis of many other dishes. This simple custard can be served on its own or with sponge cake or fruit.

6 egg yolks
500ml milk
Vanilla essence, to taste
250g sugar
2 teaspoons flour
Ground cinnamon

Beat the egg yolks with the milk and a fewof drops vanilla essence. Mix the sugar together with the flour and add to the milk and eggs. Bring to the boil and until thick, stirring continually. Remove from the stove and pour into individual serving dishes. When cold, sprinkle with a little cinnamon over the top and serve.

O leite creme é um doce muito popular, que serve de base a outras sobremesas. Esta receita pode ser servida simples, ou a acompanhar Pão de Ló ou fruta.

6 gemas de ovos
500ml de leite
Baunilha a gosto
250g de açúcar
2 colheres de chá de farinha
Canela para polvilhar

Batem-se as gemas com o leite e a baunilha. Mistura-se o açúcar com a farinha e junta-se ao leite e às gemas. Leva-se ao lume a engrossar, mexendo sempre, para não encaoçar. Quando cozido, põe-se em pratos individuais. Deixa-se arrefecer e polvilha-se por cima com um pouco de canela, e serve-se.

Mousse de Chocolate
Chocolate Mousse

Though the Portuguese adore many sweets, their true passion in deserts lies with the Chocolate Mousse. It is, along with the Sweet Rice Pudding, one of the most popular desserts served in Portuguese restaurants and households around the world. It is rich, creamy and a true pleasure to eat.

6 tablespoons of sugar
150g cooking chocolate
125g unsalted butter
6 eggs

Melt the chocolate with the butter in a double saucepan, or a pan inside a bigger pan filled with boiling water. Beat the egg yolks together with the sugar until the mixture becomes white and thick. Add the melted chocolate, slowly beating well, with every addition. In a separate bowl, beat the egg whites until they become firm and fold them into the mixture. Place the Chocolate Mousse into a large serving bowl, or small individual bowls, and set in the refrigerator.

Os Portugueses adoram muito os seus doces, sendo a Mousse de Chocolate, doce e cremosa, um verdadeiro prazer para saborear. A Mousse de Chocolate e o Arroz Doce são as sobremesas mais populares em restaurantes e casas portuguesas.

6 colheres de sopa açúcar
150g de chocolate em barra
125g manteiga sem sal
6 ovos

Derrete-se o chocolate com a manteiga em banho-maria. Batem-se as gemas com o açúcar até se obter uma mistura espessa e esbranquiçada. Junta-se o chocolate derretido e bate-se bem. À parte, batem-se as claras em castelo, até estarem firmes, e juntam-se à mistura de chocolate, envolvendo bem, mas sem bater. Coloca-se a Mousse de Chocolate numa taça grande ou em tacinhas individuais. Leva-se a gelar ao frigorífico

Pudim Caseiro
Home-style Caramel Pudding

This creamy caramel pudding is a favourite in every Portuguese household and every Portuguese cook has their own secrets to the perfect *Pudim*. It can always be found at Portuguese celebrations and feasts and is a timeless classic that is sure to please.

Este pudim é muito popular em todas as regiões de Portugal, e no estrangeiro. Todas as famílias portuguesas têm os seus segredos para fazerem este pudim. É servido em todas as festas e celebrações portuguesas, e é sempre muito apreciado.

Caramel:
125ml water
1 cup sugar

Pudding:
500ml milk
1 orange rind (2cm thick)
3 drops of vanilla essence
6 eggs
300g sugar

Caramelo:
125ml de água
1 chávena de açúcar

Pudim:
500ml de leite
Casca de 1 laranja (2cm de grossura)
3 gotas de essência de baunilha
6 ovos
300g de açúcar

Begin by preparing the caramel. Bring the sugar to boil with the water in a small saucepan, for about 10-15 minutes until it caramelises into thick syrup. Pour it into a medium sized cake tin, coating the sides evenly and set aside.

Bring the milk to boil in a separate saucepan with the orange rind and the vanilla, removing from heat as soon as it reaches boiling point and set aside. Mix the eggs with the sugar in a mixing bowl, and then add the warm milk. Mix it all together well and pour

Começa-se por preparar o caramelo, fervendo o açúcar com a água, num tacho pequeno, até caramelizar e atingir uma cor dourada. Em seguida, barra-se o fundo e os lados da forma e deixa-se esfriar.

À parte, ferve-se o leite com a casca de laranja e as gotas de baunilha. Junta-se o açúcar com os ovos, misturando bem, mas sem bater e adiciona-se o leite ainda morno. Depois de tudo misturado, deita-se na forma barrada com o caramelo. Leva-se ao forno já quente a cozer em banho-maria, colocando a

it into the prepared cake tin. TPlace the tin into a larger baking tin or tray containing boiling water and bake at 200° C for at least 50 minutes.

Remove from the oven. Allow the pudding to cool and set, preferably leaving it in the fridge for a couple of hours. Then remove it from the tin by flipping the tin upside-down onto a serving plate, letting the caramel pour over the top and sides.

forma dentro doutra forma ou tabuleiro com água a ferver. Deixa-se cozer pelo menos durante 50 minutos à temperatura de 200 graus Celsius.

Retira-se do forno e deixa-se o pudim arrefecer, de preferência umas horas no fri-gorífico. Desenforma-se para um prato, e deixa-se escorrer o caramelo sobre o pudim.

Bolo Pudim
Caramel Pudding Cake

This cake is based on the Home-style Caramel Pudding, combining it with a cake mixture to form a layer of cake with a caramel pudding top.

Este bolo é baseado no pudim caseiro, combinado com o bolo e cozidos juntos, formando duas camadas, uma de bolo, e outra de pudim.

Caramel:

125ml water

1 cup sugar

Caramelo:

125ml de água

1 chávena de açúcar

Pudding:

500ml milk

500g sugar

6 eggs

Pudim:

500ml de leite

500g de açúcar

6 ovos

Cake:

5 eggs

250g sugar

250g self-raising flour

Bolo:

5 ovos

250g de açúcar

250g de farinha

Begin by preparing the caramel. Boil the sugar with the water in a small saucepan, for about 10-15 minutes, until it caramelises into a thick syrup. Then pour it into a medium sized cake tin, coating the sides evenly. aSet aside, to cool.

Meanwhile beat together the milk with the eggs and sugar to make the pudding mixture.

Prepare the cake mixture by mixing together the eggs with the sugar, beating well. Then add the flour and mix together well.

Começa-se por preparar o caramelo, fervendo o açúcar com a água até atingir uma cor dourada. Barram-se os lados e o fundo da forma e deixa-se arrefecer.
Junta-se o leite com o açúcar e os ovos inteiros e bate-se bem.

À parte, para se preparar o bolo, batem-se os ovos inteiros com o açúcar, e junta-se a farinha e bate-se tudo muito bem.
Na forma untada de caramelo, deita-se primeiro o pudim e depois a massa do bolo sem se misturar. Leva-se ao forno até o bolo

Pour the pudding mix into the tin, followed by the cake mixture, making sure they do not mix. Bake at 200°C until the cake is well cooked, which should be approximately 50 minutes. Allow the pudding cake to cool and set, preferably leaving it in the fridge for a couple of hours. Flip the cake into a deep serving plate with the pudding on top ,allowing the caramel to coat the top and sides.

estar cozido, aproximadamento 50 minutos à temperatura de 200 graus Celsius.

Deixa-se o bolo pudim arrefecer, e coloca-se de preferência no frigorífico durante algumas horas, antes de se servir. Desenforma-se para um prato fundo, ficando a parte do pudim por cima do bolo, e deixa-se escorrer o molho de caramelo por cima e pelos lados.

Bolo de Pão Ralado

Breadcrumb Cake

This is a unique cinnamon-flavoured sponge cake and a popular rural recipe. The breadcrumbs give an interesting soft crumbling texture. It's best to use finely ground breadcrumbs as a coarse crumbly texture will only distract from the flavour.

Este é um bolo com um gosto delicioso a canela. Esta receita rural, leva pão ralado,o que lhe dá uma consistência interessante ao bolo. O pão deve ser fino e de primeira qualidade.

6 eggs, separated
300g sugar
50ml port wine
1 teaspoon ground cinnamon
1 teaspoon baking powder
200g bread crumbs

6 eggs, separados
300g de açúcar
50ml de vinho do Porto
1 colher de chá de canela em pó
1 colher de chá de fermento em pó
200g de pão ralado

Beat the egg whites until firm. In a separate bowl, mix the egg yolks with the sugar, beating together well. Add the port wine, cinnamon, baking powder, egg whites and lastly the breadcrumbs, mixing well. Grease and flour a medium sized cake tin and pour in the mixture. Bake at 180°C until the cake is cooked and firm — approximately 30minutes.

Batem-se as claras em castelo, até estarem firmes.
À parte, misturam-se bem as gemas com o açúcar, junta-se o vinho do Porto, a canela, as claras em castelo e finalmente o pão ralado. Mistura-se tudo bem. Deita-se a mistura numa forma untada, e leva-se ao forno até o bolo estar cozido, cerca de 30 minutos.

Bolo de Ananás
Pineapple Cake

Juicy, soft and sweet, this is the perfect summer cake. The pineapple adds a sweet, moist texture giving an exotic twist to an ordinary sponge cake.

Sumarento, macio e doce, este é um bolo perfeito para o Verão. O gosto deo ananás dá um sabor doce e exótico a este bolo simples.

1 tablespoon butter or margarine
400g tin of sliced pineapple
3 eggs, separated
1 cup sugar
5 tablespoons pineapple juice
1 cup flour
1 teaspoon baking powder

1 colher de sopa de manteiga ou margarina
1 lata de 400g de ananás às rodelas
3 ovos, separados
1 chávena de açúcar
5 colheres de sopa de sumo de ananás
1 chávena de farinha
1 colher de chá fermento em pó

Melt the butter and spread over the base and sides of a round, meduim sized cake tin, coating well. Sprinkle some sugar over the butter and decorate the bottom with the slices of pineapple.

In a mixing bowl, beat together the egg yolks with sugar, adding in the pineapple juice. Add the flour, mixed with the baking powder. Beat the egg whites separately until they become firm and add to the mixture. Pour the mixture into the tin over the pineapple and bake in a moderate oven (180°C) for approximately 40 minutes.

Derrete-se a manteiga dentro da forma radonda, epolvilha-se com açúcar. Enfeita-se o fundo com as rodelas de ananás.

Batem-se as gemas com o açúcar juntando o sumo de ananás. Depois deita-se a farinha misturada com o fermento. À parte, batem-se as claras em castelo, até estarem firmes e juntam-se à mistura anterior. Deita-se a massa na forma, sobre o ananás, e coze-se em forno moderado (180°C) durante 40 minutos.

Bolo de Bolacha
Biscuit Cake

My mother's biscuit cake is legendary. As a childhood favourite, no birthday party or celebration would be complete without it — but it is also the perfect cake for any occasion. Traditionally it is made with Marie biscuits, but plain rectangular biscuits with a similar texture and flavour will also work, giving a different shape and size to the cake.

1 tablespoon coffee
2 tablespoons sugar
200g icing sugar
250g butter
3 egg yolks
3 tablespoons powdered chocolate or cocoa
300g Marie biscuits

In a small bowl make a strong, hot coffee with sugar (about 250ml) and set aside to cool.

Beat together the butter and the icing sugar, adding the egg yolks one at a time, beating together continuously. Add two teaspoons of the prepared coffee and the powdered chocolate, mixing well.

Dip the biscuits in the warm coffee and layer them on a flat serving plate. Be sure not to oversoak the biscuits in the coffee or the cake will become soggy and the cream will not hold. Cover the biscuits with a thin layer of

O bolo de bolacha da minha mãe é uma legenda. Este é o bolo preferido das crianças, em todas as festas de anos e outras celebrações. Tradicionalmente é feito com bolachas Maria, mas podem ser substituídas por bolachas rectangulares de gosto e espessura semelhantes, dando um formato diferente ao bolo.

1 colher de sopa de café
1 colher de sopa de açúcar
200g de açúcar de confeiteiro
250g de manteiga
3 gemas de ovos
3 colheres de sopa de chocolate em pó
300g de bolacha Maria

Numa tigela faz-se um café bem forte e açúcarado (cerca de 250ml) e deixa-se arrefecer.

À parte, para o creme, bate-se o açúcar com a manteiga e juntam-se as gemas de ovo uma de cada vez, batendo bem. Juntam-se duas colheres de chá do café já preparado, e o chocolate em pó misturando bem.

Num prato coloca-se uma camada de bolachas embebidas no café morno. As bolachas não devem ser muito molhadas no café, para não se desfazerem. Sobre as bolachas coloca-se uma camada pouco espessa de creme e repete-se até acabarem as

the chocolate cream. Repeat the layers until all the biscuits are used, finishing with a layer of cream, coating the top and sides well with the remainder of the cream. Decorate with chocolate sprinkles and strawberries and take to the fridge to set until ready to serve.

bolachas. Barra-se o bolo com o restante creme e enfeita-se com chocolate e morangos a gosto. Vai ao frigorífico até à altura de servir.

Bolinhos de Coco

Coconut Cup Cakes

4 eggs, separated
250g sugar
2 tablespoons margarine, melted
100g finely shredded coconut
100g self-raising flour

Beat together the egg yolks with the sugar and margarine until creamy. Add the coconut and flour. In a separate bowl, beat the egg whites until firm, and add to the mixture.

Pour the mixture into individual paper cups or shallow muffin tins, and bake in a moderate oven (180°C) for approximately 20 minutes.

4 ovos, separados
250g de açúcar
2 colheres de sopa de manteiga deretida
100g de coco ralado
100g de farinha

Batem-se as gemas com o açúcar e a manteiga, muito bem, até ficarem em creme. Junta-se o coco e a farinha. À parte, batem-se as claras em castelo, e juntam-se à mistura, e envolve-se bem.

Deita-se a massa em formas de papel individuais e leva-se ao forno moderado (180°C) a cozer cerca de 20 minutos.

Bolinhos de Erva Doce

Aniseed Cakes

These small fruit and nut cakes are traditionally baked in Portugal for the All Saint's Day celebrations, but are also very popular all-year round.

2kg pumpkin
1kg self-raising flour
500g sugar
200ml olive oil
25g ground cinnamon
1 table spoon ground aniseed
Grated rind of 1 lemon
1 teaspoon bicarbonate of soda
1 tablespoon dry yeast
Dried fruits, sultanas, walnuts, or any other fruit to taste

Cook the pumpkin in a little water until soft. Once cooked, blend it into a purée.

Mix together all remaining ingredients with the pumpkin, kneading it well into a soft dough. Allow the dough to rest for a couple of hours to double in size. Shape the dough into little cakes about the size of the palm of your hand and place on greased baking trays and bake at 200°C for approximately 25 minutes or until golden.

Estes bolinhos de frutas e nozes são tradicionalmente feitos para celebrar o dia de Todos os Santos, mas podem ser servidos em qualquer altura do ano.

2kg de abóbora menina
1 kg de farinha
500g de açúcar
200ml de azeite
25g de canela em pó
1 colher de sopa de erva doce em pó
Raspa de 1 limão
1 colher de chá de bicarbonato de soda
1 colher de sopa de fermento granulado
Passas de uva e nozes, ou outra variedade de frutas a gosto

Coze-se a abóbora num pouco de água e faz-se em puré. Juntam-se os restantes ingredientes e amassa-se tudo muito bem. Deixa-se levedar a massa durante umas horas até dobrar de volume. Tendem-se umas bolinhas de massa que se põem a cozer em forno quente, cerca de 200°C . Cozem-se os bolos até ficarem bem cozidos e lourinhos, aproximadamente 25 minutos.

O amêndoa

Vistos — Visas

de farinha

PASSPORT TAB

IN

REPUBLICA PORTUGUESA 300$00 SERVIÇO CONSULAR

15 OC 1985

REPUBLICA PORTUGUESA 300$00 SERVIÇO CONSULAR

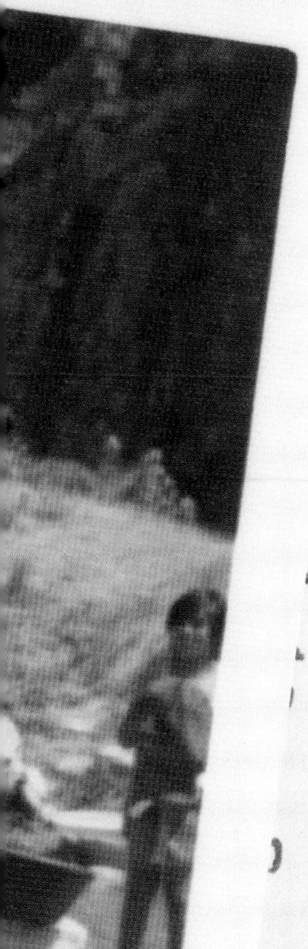

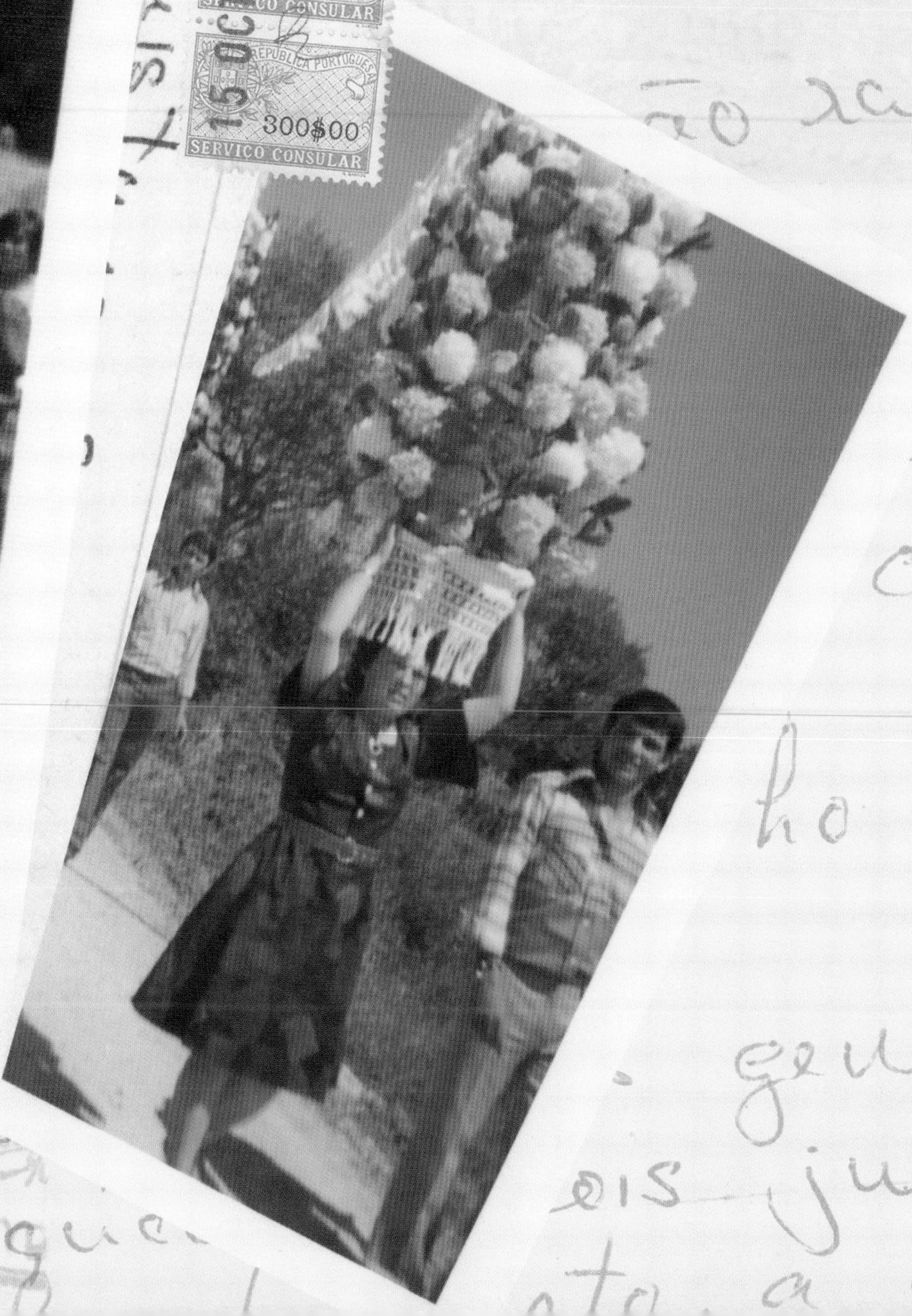

ão ralado

castelo

canela

fermento

ho do porto

gemas com

eis junta-se o

a canela

Bolo de Natal
Christmas Cake

This Christmas Cake is also very popular for other celebrations such as weddings and birthdays. It can also be served as a tea cake, and as a dessert with cream or custard. It can be decorated in many ways — iced, sprinkled with sugar or left as is, depending on taste or purpose.

400g sugar
200g butter
5 eggs, separated
500g plain flour
2 tablespoons baking powder
375ml milk
4 drops vanilla essence
2 tablespoons port wine
200g walnuts, finely chopped
200g sultanas

Sprinkle some flour onto the sultanas and nuts to prevent them from sticking together.
Mix together the sugar with the butter, beating together until creamy. Add the egg yolks and the flour mixed with the baking powder in stages, alternating with the milk, and beat well. Beat the egg whites separately until firm and set aside. Add the vanilla essence, port wine and the fruit and nuts to mixture, then fold in the egg whites, mixing well without beating. Pour into a greased and flourd cake tin and bake in a moderatel oven, (180°C) until the cake is well-cooked — approximately 40 minutes.

Este bolo de Natal, pode ser servido noutras celebrações, tais como casamentos e aniversários, ou mesmo para o chá, ou sobremesa, acompanhado de natas ou leite creme. Pode ser decorado de várias maneiras, ou polvilhado com açúcar de confeiteiro dependendo do gosto pessoal.

400g de açúcar
200g de manteiga
5 ovos
500g de farinha de trigo
2 colheres de sopa de fermento em pó
375ml de leite
4 gotas de essência de baunilha
2 colheres de sopa de vinho do Porto
200g de nozes picadas
200g de passas brancas e pretas

Passam-se as nozes e passas por um pouco de farinha para evitar que fiquem coladas. Bate- -se a manteiga com o açúcar, muito bem, até ficar em creme. Juntam-se as gemas, a fari-nha misturada com o fermento, alternando com o leite e bate-se tudo muito bem. Junta- -se a baunilha, o vinho do Porto, as nozes e as passas passadas pela farinha. À parte, batem-se as claras em castelo, até estarem bem firmes, juntam-se à massa, e envolve-se tudo muito bem, mas sem bater. Deita-se numa forma untada e polvilhada com farinha e leva-se a cozer em forno moderado durante 40 minutos, até o bolo estar bem cozido.

Velhoses ou Filhós
Pumpkin Fritter Cakes

These little fried cakes are traditionally made on Christmas Eve. The *Velhoses* or *Filhós* are an important part of the Portuguese Christmas tradition across different regions in Portugal. In my family they have always been a big part of Christmas, with my mother always taking the time and care to make the best *Velhoses*, carrying on a timehonoured tradition from her youth.

Estes fritos são especialment usados no Natal e são feitos na consoada. Os Velhoses ou Filhós são de especial importancia para a tradição Portuguesa em várias regiões de Portugal. Na minha família ao celebrar a festa do Natal a minha mãe continua a tradição dos Velhoses, lembrando da sua infância.

1½kg pumpkin
750g flour
1¼ sugar
Pinch of salt
1 tablespoon baking powder
6 eggs, separated
Grated ring of 1 lemon
Grated rind and juice of 2 oranges,
50ml brandy
1 tablespoon cinnamon
Oil for deep frying

1½kg de abóbora
750g de farinha
1¼ chávena de açúcar
Uma pitada de sal
1 colher de sopa de fermento em pó
6 ovos, separados
Raspa de 1 limão
2 laranjas, sumo e raspas
50ml de aguardente
1 colher de sopa de canela
Óleo para fritar

Peel and chop the pumpkin into small pieces, cook it in a little water until tender and leave to drain overnight.

In a large mixing bowl, add the pumpkin, the flour, 2/3 cup of the sugar, salt, baking powder, the egg yolks, brandy, grated lemon and orange rind and orange juice, mixing everything well together.

Descasca-se e corta-se a abóbora em pedaços pequenos. Cozem-se em pouca água e deixam-se a escorrer dum dia para o outro.

Numa taça grande, junta-se a abóbora, a far-inha, 2/3 de uma chávena de açúcar, o sal, o fermento, as gemas dos ovos, aguardente, as raspas de limão, e o sumo e raspas das laranjas e mistura-se tudo bem. Batem-se as

Beat the egg whites until firm, and mix in well.

Heat a large saucepan with oil for deepfrying-gand drop tablespoons of mixture into the hot oil one by one. Fry for a few minutes, turning them occasionally until golden and cooked through. Remove and drain well. While they are still hot, coat with a mixture of remaining sugar and cinnamon.

claras em castelo, e juntam-se à mistura, sem bater.

Aquece-se uma panela com bastante óleo, e quando estiver a ferver deitam-se colheradas de massa, que se deixam alourar durante alguns minutos. Quando estiverem bem cozidas, põem-se num escorredor, e ainda quentes envolvem-se numa mistura de açúcar e canela em pó.

Pão de Ló

Sponge Cake

This is one of the most popular and loved cakes throughout Portugal. The simple sponge cake is teatime favourite and also constitutes the base of many other deserts.

Este é o bolo mais popular em Portugal. Este bolo simples é delicioso para se servir durante o chá, e também como base para diversas sobremesas.

7 eggs, separated
250g sugar
Grated Rind of 1 lemon
150g plain flour
1 teaspoon baking powder

7 ovos, seperados
250g de açúcar
Raspa de 1 limão
150g de farinha
1 colher de chá de fermento em pó

Beat together the egg yolks with the sugar and the lemon rind. Mix the baking powder into the flour and add gradually to the mixture, continuously beating it together. Beat the egg whites until firm and fold them into the mixture, mixing well without beating.

Pour into a greased and floured medium sized cake tin and bake at moderate heat until cooked through — about 30 minutes.

Batem-se as gemas com o açúcar e a raspa de limão. Mistura-se o fermento com a farinha e juntam-se à mistura, aos poucos, batendo continuamente. Batem-se as claras em castelo, e envolvem-se na massa, sem bater.

Leva-se ao forno numa forma untada de manteiga e polvilhada com farinha. Deixa-se cozer durante aproximadamente 30 minutos.

Chouriço de Chocolate

Chocolate Salami

In Portuguese this is known as the Chocolate Chouriço for its sausage-like appearance. It's very rich and chocolaty and, once sliced, makes a great coffee or tea cake.

O nome deste bolo é devido ao seu formato. É muito rico e achocalatado que depois de partido em fatias tem optima aparência e podem ser servidas com café ou chá.

200g plain coffee or marie biscuits
200g brown sugar
200g powdered chocolate or cocoa
125g butter
4 egg yolks

200g de bolachas maria
200g de açúcar castanho
200g de chocolate em pó
125g de manteiga
4 gemas de ovos

Break the biscuits into small pieces, but do not crumb them too finely. Beat together the sugar, chocolate and butter. Add the egg yolks and the biscuit pieces. Mix well until it sticks together into a firm paste which can be moulded. Put the mixture onto a long piece of greaseproof paper and roll into a sausage, wrapping it in the paper and tying it with string like salami. Place in the fridge to harden overnight. To serve, cut into 1-2cm slices.

Partem-se as bolachas em pedacinhos pequenos. Misturam-se muito bem o açúcar, o chocolate e a manteiga, depois as gemas e as bolachas partidas em pedaços. Deve ficar tudo bem ligado. Deita-se a massa sobre papel vegetal e aperta-se dando-lhe a forma de chouriço. Ata-se com um fio e deixa-se no frigorífico até ao dia seguinte. Serve-se cortado em rodelas com a grossura de 1 a 2 cm.

Queijadas
Egg Custard Tartlets

In Portuguese these cakes are called *Queijadas*, (cheese tarts) despite the fact that they do not contain any cheese. They have a beautiful creamy texture and are great served with a good cup of coffee or tea.

Estes bolos são chamados queijadas apesar de não conterem queijo. Têm uma consistência muito cremosa e são óptimos servidos com café ou chá.

3 eggs
350g sugar
100g plain flour
1 teaspoon baking powder
Few drops of vanilla
500ml milk
50g butter

3 ovos
350g de açúcar
100g de farinha
1 colher de chá de fermento em pó
Umas gotas de baunilha
500ml de leite
50g de manteiga

Beat together the eggs with the sugar. Add the flour mixed with the baking powder, and the vanilla, beating well. Lastly add the milk beating well into the mixture. Thoroughly grease a very well a shallow muffin tray with the butter and pour in the mixture. Bake at 200°C for approximately 20 minutes or until the cakes are golden and cooked through. Remove from the tins and serve.

Batem-se os ovos com o açúcar. Junta-se a farinha com o fermento e a baunilha batendo muito bem. Por último junta-se o leite mexendo sempre.
Untam-se bem forminhas com manteiga, e enchem-se com a massa. Levam-se ao forno a cozer aproximadamente 20 minutos, ou até alourarem. Depois de prontas, desenformam-se as queijadas e servem-se.

Morangos em Vinho do Porto

Strawberries in Port Wine

This is a very simple but unbelievably delicious dessert. The quantity of sugar needed depends on the sweetness of the strawberries. The sugar and port wine enhance the flavour of the strawberries and should not be too overpowering.

São muito deliciosos e simples de preparar. A quantidade de açúcar depende da doçura dos morangos. A combinação do açúcar com o vinho do Porto dão um sabor muito especial aos morangos.

500g sdtrawberries
4 tablespoons sugar
200ml port wine

500g de morangos
4 colheres de sopa de açúcar
200ml de vinho do Porto

Wash the strawberries, removing the stalks. Cut them into quarters. Place them into a good-sized bowl and sprinkle over the sugar. Add the Port wine, making sure to coat the strawberries well. Allow the strawberries to sit in the marinade for at least an hour to absorb the sugar and wine. When ready to serve, pour the strawberries, along with the wine, into individual serving dishes and top with fresh cream.

Lavam-se bem os morangos, retirando as folhas e cortam-se em quatro. Põem-se numa tigela e junta-se o açúcar e vinho do Porto suficiente para ficarem todos cobertos.
Deixam-se os morangos a marinar durante uma hora, para absorver o açúcar e o vinho. Na ocasião de servir, dividem-se os morangos por taças individuais, e servem-se com natas batidas.

Fatias Douradas ou Rabanadas
Golden Slices

The golden slices are another wonderful Portuguese Christmas treat. Like the Pumpkin Fritter Cakes, they are prepared on Christmas Eve and enjoyed during the festivities.

Estas Fatias são deliciosas e muito populares e tradicionais nas festas de Natal. Tal como as Velhoses ou Filhós são também preparadas na véspera de Natal, e são servidas à noite na celebração da Consoada.

4 eggs
300ml milk
1 loaf of day-old, thickly sliced bread
Oil for frying
1 tablespoon ground cinnamon
2 tablespoons sugar

4 ovos
300ml de leite
1 pão de forma em fatias grossas
Óleo para fritar
1 colher de sopa de canela
4 colheres de sopa de açúcar

Beat the eggs in a bowl and set aside. Put the milk into another bowl. Make sure that the bread is not too soft or thin, or it will become too soggy.

Heat a frying pan with a fair amount of oil for deep frying.

Dip the bread slices into the milk and then in the beaten eggs, soaking them well. Deep fry in oil, turning them over once until golden. Place the slices onto absorbent paper towels to drain of excess oil. While still hot, coat the slices with a mixture of sugar and cinnamon.

Batem-se os ovos numa tijela, e à parte, deita-se o leite noutra tigela. O pão não deve ser muito macio ou cortado fino para que não se desfazer.

Põe-se uma frigideira com óleo, ao lume.

Molha-se o pão no leite e depois nos ovos batidos. Fritam-se as fatias, viram-se uma vez, e deixam-se alourar. Depois de fritas põem-se a escorrer em papel absorvente, e passam-se numa mistura de açúcar e canela

Índice
Index

Índice de Fotografias
Idex of Photographs